DIREITO DAS OBRIGAÇÕES

ANA PRATA

DIREITO DAS OBRIGAÇÕES

Relatório
incluindo o programa, os conteúdos e os métodos de ensino
e de avaliação da disciplina de Direito das Obrigações

DIREITO DAS OBRIGAÇÕES

AUTOR
ANA PRATA

EDITOR
EDIÇÕES ALMEDINA, SA
Av. Fernão Magalhães, n.º 584, 5.º Andar
3000-174 Coimbra
Tel.: 239 851 904
Fax: 239 851 901
www.almedina.net
editora@almedina.net

PRÉ-IMPRESSÃO | IMPRESSÃO | ACABAMENTO
G.C. – GRÁFICA DE COIMBRA, LDA.
Palheira – Assafarge
3001-453 Coimbra
producao@graficadecoimbra.pt

Agosto, 2008

DEPÓSITO LEGAL
281520/08

Os dados e as opiniões inseridos na presente publicação
são da exclusiva responsabilidade do(s) seu(s) autor(es).

Toda a reprodução desta obra, por fotocópia ou outro qualquer
processo, sem prévia autorização escrita do Editor, é ilícita
e passível de procedimento judicial contra o infractor.

Biblioteca Nacional de Portugal – Catalogação na Publicação

PRATA, Ana

Direito das obrigações : relatório. - (Monografias)
ISBN 978-972-40-3603-8

CDU 347
378

Aos meus alunos da Faculdade de Direito da Universidade de Lisboa, da Universidade do Porto e da Universidade Nova de Lisboa, pelos quais aprendi quase tudo quanto sei, mas sobretudo, com quem tanto aprendi.

Agradecimentos:
À Maria Manuel Leitão Marques, pela sua permanente generosidade e pela bibliografia que me facultou;
À Helena Pereira de Melo, cuja amizade e ajuda explicam esta publicação.

É frequente alguns relatórios deste tipo conterem amplos capítulos introdutórios[1].

Começa-se, não raro, por explicar a razão de ser da escolha da disciplina, o que pode aparecer enunciado em termos razoavelmente simples[2] ou revestido de longos discursos demonstrativos do mérito dela[3]. Omite-se neste tal justificação, por parecer óbvia relativamente a quem, em mais de trinta anos de actividade docente, só em oito deles não teve responsabilidades lectivas nesta disciplina.

Nestes capítulos se discute, por exemplo, a adequação deste trabalho à função que, nos termos da lei, lhe é atribuída. Esta é uma discussão importante e reveladora da concepção que do Direito, do seu ensino e das respectivas Escolas, têm os académicos concorrentes e alguns daqueles que integram os júris destes concursos. Infelizmente, afigura-se-me que a discussão, sumariada em jeito de prefácio, não alcança, nem poderia fazê-lo – tão justificativa de investigação e ponderação autónomas –, abranger seriamente a problemática que lhe subjaz[4].

O problema é antigo e vasto: nele se entreluzam entendimentos fulcrais e concepções essenciais que não podem, nem devem, a meu ver[5],

---

[1] Nem sempre: em estimável (por mim) estilo muito enxuto, o mais conseguido que conheço é o de J. Sinde Monteiro, *Direito das Obrigações (Relatório sobre o programa, conteúdo e métodos de ensino)*, Coimbra, 1995.

[2] Teresa Beleza, *Direito Processual Penal, Relatório incluindo o programa, os conteúdos e os métodos de ensino da disciplina de Direito Processual Penal*, Março de 2000, págs. 14 a 16.

[3] J. Ribeiro de Faria, *Direito das Obrigações, ou 10 Anos da Regência da Disciplina*, Porto, 1991, págs. 3 a 16.

[4] V., num exemplo que é dos melhores que conheço, José Engrácia Antunes, *Direito das Sociedades Comerciais, Perspectivas do seu Ensino*, Coimbra, 2000, págs. 10 e segs.. O autor reconhece, aliás, isto mesmo: *op. cit.*, pág. 20.

[5] A não ser na medida em que se partilhe a ideia de que o fundamental é coisa de que quase ninguém sabe, pela qual poucos se interessam, podendo, assim, ser reduzida a algumas linhas ou páginas. Naturalmente que pode haver, e há, excepções: assim, por

caber neste momento e nesta sede. Esse é, pode e deve sê-lo, objecto de trabalho autónomo que, se bem que logicamente precedente a este, aos concorrentes não é possível fazer com profundidade nesta ocasião. Limitar-me-ei, por isso, às referências indispensáveis à compreensão do texto que segue.

É ainda vulgar expor a história da disciplina que é seu objecto no quadro das Universidades Portuguesas e não só. Também este aspecto se me afigura dispensável. Salva a convicção de que a extensão é, só por si, demonstrativa de qualidade, não vejo razão para o fazer, tanto mais que, melhor e pior, ela já foi realizada anteriormente por outros autores[6]. Com a ressalva de que, naturalmente, a concepção do programa de uma disciplina não pode prescindir da sua história, no sentido, banalíssimo, de que qualquer conhecimento humano – para o seu progresso – tem de se socorrer daqueles conhecimentos e experiências que constituem já adquirido histórico.

I – O PROGRAMA

1. Preliminares gerais breves

A concepção de um programa da disciplina de Direito das Obrigações depende, obviamente, da concepção que se tenha dos objectivos lectivos desta disciplina, o que, forçosamente, releva em geral da ideia que se adopte quanto aos do ensino universitário, em geral, e aos do Direito em especial. Acresce que, na sua conformação concreta, são múltiplos os factores que têm de ser considerados.

Começando pelas questões prévias gerais, deixarei apenas[7] dito que, em meu entender, o ensino universitário, não se destinando a formar

---

exemplo, Maria Manuel Leitão Marques, *Um Curso de Direito da Concorrência*, Coimbra, 2002, págs. 12 a 18, onde, não se tratando especialmente desta questão (v. em particular pág. 14), são enunciadas observações que, embora sinteticamente, se afiguram, além de pertinentes, deveras interessantes.

[6] Assim, Ribeiro de Faria, *op. cit.*, págs. 21 a 116; Luís Menezes Leitão, *op. cit.*, págs. 27 a 284.

[7] Muito mais haveria, realmente, a dizer. Vejam-se, como exemplos do muito que se omite, as considerações de Ribeiro de Faria, *op. cit.*, págs. 179-180, sobre o estatuto,

Direito das Obrigações   9

profissionais ou técnicos em qualquer área científica – antes tendo como propósito a aquisição de competências intelectuais e culturais que permitam ao formando a escolha da sua orientação profissional pessoal e a preparação tendencialmente autónoma específica para o respectivo desempenho –, não pode ignorar, na selecção e preparação dos seus conteúdos e métodos, o destino profissional possível dos formandos. Só esta consideração permitirá dotá-los dos instrumentos que os tornem aptos a, posteriormente, dentro das vias profissionais que se lhes abram, escolhendo, estarem em condições de realizarem eles próprios a sua formação profissional específica indispensável a um desempenho de qualidade. Julgo, pois, que as Faculdades, não sendo escolas profissionais, não podem ignorar os possíveis destinos profissionais dos seus formandos.

Transposta esta ideia para o domínio do Direito, significa isto que não deve uma Faculdade ter a pretensão de preparar advogados, magistrados, técnicos empresariais ou de administração, diplomatas, investigadores ou legisladores, mas que tem, naturalmente, de dotar os seus graduados da formação jurídica essencial que lhes proporcione os quadros de conhecimentos e de raciocínio com que lhes seja possível prepararem-se para um desempenho de qualidade de qualquer daquelas actividades ou de outras profissões jurídicas.

---

incluindo o remuneratório, do professor universitário (o que está longe de ser de somenos, se bem que – ou até porque – crie um círculo viciado: o professor que pouco se dedica ao magistério, porque alhures tem de exercer actividade onde seja complementarmente remunerado; a remuneração que, sendo baixíssima, é demais para alguns desses professores, tão pouco é aquilo que dedicam à sua actividade docente), sobre as condições logísticas dos espaços destinados a aulas, sobre a relação entre o número de alunos aceites numa Escola e os recursos que esta tem para lhes proporcionar o ensino.

Isto deixando deliberadamente de parte problemas atinentes ao que deve ser a actividade global de uma Escola Superior de Direito: em particular, a preparação específica, mas propedêutica, que a Faculdade tem de proporcionar aos seus estudantes, conhecidas as condições em que eles acedem a ela; as regras de acesso dos estudantes às Faculdades de Direito, bem como a distribuição de competências para verificar do preenchimento daquelas que forem entendidas como as condições mínimas; a investigação, o seu modo de realização e os agentes dela; a interdisciplinaridade, o seu significado, requisitos e condições de verificação; o controlo da assiduidade e da qualidade do trabalho prestado pelos docentes; a medida da autonomia científica e pedagógica dos professores; os serviços prestados à comunidade com todas as questões a eles inerentes; a forma e os agentes da gestão das Escolas, por, em meu entender, não caberem no objecto do presente trabalho.

Nos conhecimentos inscrevem-se princípios, conceitos, linhas de pensamento e métodos de trabalho. Com a expressão quadros de raciocínio quero significar especialmente os processos intelectuais que são específicos do pensamento jurídico.

O Direito é uma ciência normativa: o que quer dizer que qualquer graduado em Direito tem de ser capaz de reconhecer uma norma jurídica vigente, de a compreender no seu sentido normativo, de a utilizar na sua função própria, que é a regulação de relações sociais; o que igualmente impõe que, num quadro factual qualquer, saiba seleccionar os factos que são juridicamente relevantes, qualificá-los[8] e aplicar-lhes o regime jurídico adequado.

O pensamento jurídico tem especificidades, como as tem, creio, o pensamento científico de qualquer área. Elas são, no Direito, eventualmente mais relevantes em sede de aprendizagem, dado que se trata de matérias acerca das quais todos os cidadãos têm convicções, ideias e opiniões, que, relevando do bom senso, do sentido de justiça de cada um, das suas convicções filosóficas ou políticas, na maior parte dos casos têm de ser reelaboradas, modeladas ou, até, abandonadas para adquirir uma forma de raciocínio científica. O que também não dispensa – bem pelo contrário – que se tenha em conta que a ciência do Direito nada tem de neutro em sede de convicções e valores perfilhados. O Direito vigente resulta, óbvia e necessariamente, de escolhas políticas[9] de tutela e de preterição de interesses, e à sua interpretação também não são, nem devem ou podem ser, de modo algum, alheias as opções valorativas ou, mesmo, ideológicas do intérprete. Fazer compreender isto e apreender os parâmetros dentro dos quais a actividade do aplicador do Direito tem de se conformar para ser rigorosa – sem deixar de ser uma leitura da norma face à situação (e ao tempo dela) a que vai aplicar-se[10] –, isto é, jurídica, é tarefa essencial do ensino nesta área. Trata-se, porém, de duas perspectivas que aos formandos surgem como contraditórias, o que, não sendo

---

[8] Sobre a qualificação, mas também e inevitavelmente, sobre a selecção dos factos relevantes, seus pressupostos (quantas vezes escamoteados) e suas armadilhas, v. A. M. Hespanha, *O Caleidoscópio do Direito. O Direito e Justiça nos dias e no mundo de hoje*, Coimbra, 2007, em especial, págs. 518 a 532.

[9] O Direito, na sua forma normativa legal, é o instrumento privilegiado da política.

[10] Sobre este aspecto, v. A. M. Hespanha, *op. cit.*, em particular págs. 446 a 450.

Direito das Obrigações

verdade, impõe um esclarecimento demorado. E tanto mais quanto é certo que a segunda ideia – que é uma evidência – é geralmente escamoteada, senão negada, nos discursos dos juristas, designadamente académicos, que preferem apresentar o Direito como uma realidade isenta de contaminação de interesses e a sua própria actividade científica como situada na mais sublime neutralidade ideológica.

Por outro lado, se esta não é uma característica privativa deste ramo do saber, ela é porventura aqui mais notória: não está em causa aprender a descobrir e a revelar verdades, mas tão-só posições defensáveis. De facto, em qualquer ciência, por mais exacta que seja ou se queira, a verdade tem necessariamente uma marca histórica ineliminável e, para além dela, pode sofrer de outras contingências relevantes de múltiplos factores – por exemplo, os limites de conhecimento de que parte, a não consideração de informações de áreas inter-relacionadas, a orientação finalística da pesquisa. A especificidade do Direito reside em – no mesmo tempo e espaço e em condições de total fluidez de acesso à informação relevante – as suas conclusões não serem tidas como verdades. O que significa, a uma só vez, que o jurista tem de ter consciência de que os resultados a que chegou não são inquestionáveis no seu tempo nem são – mesmo não sendo questionados e aparecendo como verdades –, e aqui como as verdades de qualquer ramo científico, definitivos. Em síntese, o Direito partilha com todas as ciências o carácter histórico das suas verdades ou descobertas e, relativamente a outras ciências, caracteriza-se pela diferença de ser formado por verdades que, em cada estádio temporal, são discutíveis e discutidas. Dito de outro modo, repetindo embora, para que fique claramente claro: o Direito não é uma ciência de verdades, mas de posições defensáveis.

Esta é justamente a característica que torna o ensino do Direito simultaneamente mais difícil e mais interessante: trata-se, a um só tempo, de ensinar a pensar segundo certas regras e a encontrar, dentro delas, entendimentos que sejam juridicamente defensáveis, e de fazer compreender que nem por isso nos encontramos numa área em que todas as opiniões se equivalham. As verdades conceituais de cada fase histórica bem como as regras intelectuais próprias do pensamento jurídico têm de ser compreendidas e assimiladas, pois só a partir destas se podem alcançar soluções que possam ser juridicamente defendidas. A compreensão disto não é fácil, pois implica uma rigidez – que é rigor – e um espaço de maleabilidade – que é criatividade – que são peculiares e estranhos a um cidadão leigo[11].

Finalmente, e mais uma vez não é decerto o Direito a única área do saber em que tal ocorre –, nem porventura aquela em que isto é mais ostensivo ou evidente –, há de ter em conta que o pensamento jurídico supõe uma capacidade de abstracção elevada que, em regra pode dizer-se, os candidatos a graduados não trazem no início da sua aprendizagem, o que constitui um dos obstáculos não menores à respectiva compreensão[12].

Corolário evidente do que ficou dito é que o ensino do Direito não se confunde com o ensino de normas, que não é jurista quem sabe de leis, antes aquele que, provenha a norma de que fonte provier, seja o seu conteúdo qual for, saiba compreendê-la e aplicá-la num seu sentido normativo coerente a uma situação a que ela se destine. Mais, muitíssimo mais, do que ensinar regimes jurídicos, mormente legais, o ensino do Direito destina-se a preparar pessoas para pensarem neste domínio com os instrumentos próprios e adequados. O que pretendo dizer é, com Perry, que, no Direito, "a natureza básica do ensino não [é] a transmissão de conhecimento mas a transformação daquele que aprende ["learner"]"[13]. Não significa isto, evidentemente, que se possa prescindir do fornecimento da informação dos elementos essenciais da realidade jurídica e normativa. É que é óbvio que só pode aprender-se a pensar, se se pensar sobre algo, e só pode pensar-se com rigor se se conhecerem quer os quadros culturais básicos dentro dos quais o trabalho intelectual tem de

---

[11] Não é este o lugar para me alongar sobre as características próprias do discurso jurídico; brevemente, porém, está aqui essencialmente em causa uma problemática a que também se refere Paul Ricoeur, ao dizer o seguinte: este discurso "não é daqueles que relevam da prova, isto é, da necessidade lógica. E, no entanto, não lhe sendo necessária a prova nesse sentido rigoroso, a argumentação jurídica não está condenada ao sofisma, ou seja, àquele tipo de discurso que retira o seu êxito do seu poder de satisfazer e de seduzir, em conivência com paixões preconcebidas e más. [...] Este estatuto epistemológico, se me permitem esta expressão algo técnica, é o da *lógica do provável*, aquilo pelo que Aristóteles definia a 'dialéctica', e a que ele ligava a 'retórica', ou a *arte de utilizar argumentos prováveis no uso público da palavra*." – Le juste entre le légal et le bon, *in Esprit*, 9, Septembre 1991, pág. 20.

[12] Proporcionem-nos formandos que saibam matemática e metade do trabalho estará realizado.

[13] Gerald F. Hess & Steven Friedland, *Techniques for Teaching Law*, Durham, North Carolina, 1999, pág. 7.

Direito das Obrigações 13

ser realizado, quer algumas realidades normativas que o pensamento possa ter como objecto. Daqui resulta que ensinar Direito num sistema de *civil law* ou num de *common law* não implique, a não ser nas fontes, uma aprendizagem substancialmente diferente[14].

De tudo isto decorre desde logo que, caso exista – e tantas vezes ocorre – contradição entre a extensão do programa e a compreensibilidade do respectivo conteúdo, nunca hesitei, não hesitarei nunca, em preterir a extensão em favor da compreensão pelos destinatários. O que não quer, entretanto, dizer que não haja conteúdos que não tenham, em alguns casos, de ser considerados irremovíveis e isto em especial por se tratar de matérias que mais flagrantemente revelam (e relevam d)os métodos próprios do pensamento jurídico ou em que mais frequentemente se confundem as opiniões leigas com as de um jurista.

Passando agora às condicionantes mais contingentes, é imediatamente claro que o carácter semestral ou anual da(s) disciplina(s) parece ter de se repercutir essencialmente na forma como se concebe o(s) programa(s), a fim de proporcionar um conteúdo dotado de coesão e unidade intrínsecas e perceptíveis pelos destinatários.

Por outro lado, o seu concreto preenchimento depende da formação esperável dos estudantes a quem se destina a leccionação: se certas matérias

---

[14] Isto parece muito diverso quer do discurso quer do pensamento não verbalizado corrente. E, provavelmente, é. Não se trata aqui de nenhum juízo acerca da realidade do ensino do Direito neste ou naquele sistema jurídico estadual: trata-se, outrossim, de afirmar que, *ceteribus paris*, o ensino do Direito impõe o fornecimento de métodos de raciocínio e de quadros de pensamento que são, essencialmente, os mesmos. Aliás, a subtileza de pensamento de um jurista de um sistema de *common law* é tendencialmente maior do que aquela que é exigida a um outro que opere em sistema de *civil law*. Já porque a descoberta da norma é mais complicada, mas porque, e sobretudo, a compreensão do seu sentido normativo implica um quase constante manuseamento daquilo que são as fronteiras entre a interpretação e a detecção de lacunas. A elaboração da norma a propósito de um caso concreto supõe que se tome, a um tempo, a norma enquanto tal e o quadro problemático que ela visou resolver, de modo a que se possa compreender se ela vale para uma situação semelhante, isto é, se esta última é análoga ou não à primeira. Este é um trabalho que, se bem feito, é extremamente difícil para juristas de *civil law*, e, se mal compreendido – como é vulgar –, dá lugar a afirmações de sobranceria tola ou a incompreensões convictas de que, em tais sistemas, não existem normas mas decisões casuísticas.

Sobre este trabalho jurídico em sistemas de *common law*, v. Paul Ricoeur, *O Justo ou a Essência da Justiça*, Instituto Piaget, sem data, mas 1997, págs. 157 a 160.

são já objecto do programa de outras disciplinas, elas não deverão ser repetidas, qualquer que seja o conteúdo tradicional do programa desta, como, paralelamente e ao invés, se, apesar de não serem em regra objecto desta disciplina certos conteúdos, sendo eles formativos essenciais, terão de se incluir neste programa, caso o não tenham sido noutros, o que pode suceder pelas mais variadas e compreensíveis razões.

Isto para não me alongar no ainda mais básico e prévio nível de formação cultural dos destinatários do ensino. O Direito é uma ciência cujo instrumento essencial é a língua. Não é evidentemente possível ignorar, perante formandos a quem é exigível a compreensão de um sistema normativo, e a formulação, escrita e oral, de opiniões, o grau de domínio desse utensílio tão fundamental. E, se não se pode, numa Escola Superior, ter a pretensão de integrar lacunas básicas de conhecimentos, é sempre possível e, a meu ver, necessário tomar em conta a preparação cultural da maioria dos formandos, sob pena de se conceber um programa nominal. É que, se tem sentido aplicada em geral, como foi intenção do autor, na área do Direito tem particular pertinência a célebre afirmação de Montaigne: "La plus part des occasions des troubles du monde sont grammairiennes".

O que se escreverá tem como pressupostos o de que a disciplina é anual[15], o de que nas de Introdução ao Direito e de Teoria Geral do Direito Civil[16] foram leccionados os temas que têm a sua sede legal na Parte Geral do Código Civil[17], e o de que a maioria dos estudantes tem

---

[15] Dado que, na situação actual na Faculdade de Direito da Universidade Nova de Lisboa, a disciplina correspondeu a duas semestrais, tomar-se-á em conta essa situação, que não é tida como paradigmática, já porque nem era habitual (antes do "processo de Bolonha") que assim fosse nem, na minha opinião, é desejável, nem, sobretudo, tal corresponde a uma experiência que tenha tido durante o tempo suficiente e em condições de trabalho que me permitam considerá-la como maturada. Entretanto, as alterações ao plano de estudos nesta Faculdade para a adopção do quadro de Bolonha levaram a consequências de nomenclatura e de organização das disciplinas que aqui não se apreciarão, já porque, sendo muito recentes, não consegui compreendê-las por inteiro, já porque a experiência é insuficiente para dizer se permanecerão no tempo e por quanto dele.

[16] Disciplinas cujos conteúdos se encontram actualmente fragmentados em disciplinas com designações diferentes, na Faculdade de Direito da Universidade Nova de Lisboa, o que, no essencial, é irrelevante para o que no texto se quer significar.

[17] À excepção, evidentemente, das normas de conflitos.

Direito das Obrigações   15

um domínio razoável da língua e de métodos de trabalho intelectual[18]. Finalmente, parte-se do princípio de que o número de horas lectivas é suficiente para leccionar os conteúdos programados, o que se tem verificado praticamente sempre na minha já longa experiência lectiva da disciplina, independentemente das modelações concretas da distribuição das cargas lectivas[19]. Daí que não exponha, como é corrente e, suponho, apreciado, uma calendarização das aulas. Sei que o programa que enuncio é adequado ao tempo lectivo de que se dispõe; já não seria muito fácil, de forma honesta, distribuí-lo por um horário lectivo de aulas: à uma, porque estas nunca são iguais e, muitas vezes, são mesmo muito diversas no tempo consumido para tratar o mesmo tema; à outra, porque o número de aulas, podendo calcular-se aproximadamente, nunca se conhece com exactidão, salvo se se consultar, além do calendário, algum oráculo.

2. Problemas prévios pertinentes à disciplina

O Direito das Obrigações caracteriza-se pela diversidade das situações e das relações económicas e sociais que constituem o respectivo objecto[20]. A sua unidade é puramente jurídica, no sentido em que da

---

[18] Isto sem prejuízo de, em sede de métodos pedagógicos, se aludir ao que parece ser a indispensável atenção aos casos em que esses pressupostos não estejam preenchidos.

[19] Aquilo que tenho verificado ser variável é o número, e condições de trabalho, das chamadas aulas práticas, aspecto que, quando insuficiente, tenho procurado colmatar das mais diversas maneiras.

[20] A generalidade dos autores, afirmando-o ou não, concorda com isto, que é uma banalidade. Onde o desacordo surge, ou pode surgir, é no inventário das situações de que se ocupa o Direito das Obrigações.

Por exemplo, L. Menezes Leitão, *op. cit.*, págs. 23-24, opina que ele compreende as "sanções civis para comportamentos ilícitos e culposos" e a "instituição de organizações". A primeira realidade de que fala revela a sua concepção punitiva da responsabilidade civil, que, como adiante deixarei claro, não partilho, antes julgando que se trata de um entendimento tributário da época em que a responsabilidade civil foi construída com base no paradigma da responsabilidade penal – de que o nosso Código Civil e autores mais tradicionalistas, embora com a atenuante de pertencerem a gerações anteriores, ainda exprimem claros e abundantes vestígios normativos ou ideológico-opinativos – e que hoje se encontra definitivamente ultrapassada pelas modernas civilísticas. O que o autor citado chama "instituição de organizações" é o contrato de sociedade, sendo certo

variedade de relações de que se ocupa resulta um tipo próprio de efeito jurídico: uma obrigação[21].

Porque assim é, o respectivo ensino não pode prescindir de uma consistente componente dogmática.

No programa que se propõe – correspondente ao ultimamente leccionado – incluem-se algumas matérias que habitual e tradicionalmente dele não constavam: as que a realidade económica e/ou social tornou entretanto instrumentos vulgares de regulação das relações entre os sujeitos no mercado. O programa – como melhor se explicará adiante – procura dar a compreender o Direito das Obrigações no quadro da realidade, mormente económica, a que ele se destina, isto é, essencialmente numa perspectiva de análise económica do direito[22].

Não vejo, entretanto, vantagem, na selecção e ordenação das matérias, em afastar a exposição daquelas que têm sido as linhas históricas recentes do respectivo ensino. O programa não segue *pari passu* a sistemática do Código Civil, na medida em que a sua linha condutora, na parte inicial, não é a adoptada pela lei, mas, quando ambas são compatíveis, não se demarca daquela. Opto pela análise da obrigação na perspectiva da relação jurídica em que ela se consubstancia, o que, permitindo, a um tempo, uma sequência perceptível pelos estudantes e a conjugação de regimes que na lei se encontram sediados em lugares variados, tem a vantagem de tornar sensível a necessidade de compreender a sistematização legal e a de constituir um bom auxiliar da aprendizagem do manuseamento do Código Civil.

Neste relativo conservadorismo vejo o benefício de os estudantes poderem dispor, com maior facilidade, quer de um fio condutor lógico da sequência das matérias quer de instrumentos bibliográficos que lhes sejam fáceis de utilizar e compreender.

---

há muitos anos que nada há mais incerto do que a natureza das sociedades civis. O autor reincide na sua ideia a págs. 291 da mesma obra.

[21] Em sentido amplo, o que agora não se analisa.

[22] Aliás, ainda que, metodologicamente, não se adoptasse tal forma de aproximação e análise, nunca poderia um razoável ensino desta área do Direito prescindir da tomada em atenção da realidade económica e social a que os respectivos regimes se destinam, pois, como observa o insuspeito de influências anglo-saxónicas Ribeiro de Faria, *Direito das Obrigações, op. cit.*, págs. 10-11, "[...] o Direito das Obrigações tenha particularmente a ver com o fenómeno económico".

Em primeiro lugar, há de advertir que o programa, não integrando expressamente senão matérias da Parte Geral do Livro das Obrigações, nem esgota estas nem exclui frequentes incursões nos regimes de vários contratos em especial. A deliberada restrição do programa a apenas alguns dos regimes da Parte Geral decorre, como já se disse, da convicção de que, em sede de ensino, importância primordial não é a da quantidade de normas cujo conteúdo os estudantes ficam a conhecer mas, antes, a da aquisição de competências para lidar com a generalidade dos regimes normativos. E, como a experiência me demonstrou sobejamente que se trata de dois propósitos alternativos nos limites temporais de um ano lectivo, é com convicção que opto pela preterição de alguns regimes, esperando que a capacidade de compreensão jurídica adquirida permita aos formandos, quando for o momento, conhecê-los e compreendê-los[23] Isto porque estou convencida de que – independentemente dos conteúdos – a aprendizagem é um processo que nunca se esgota no tempo de uma graduação e de que a capacidade das pessoas para construírem discursos e argumentos mais sofisticados e persuasivos se desenvolve durante o tempo da licenciatura e das subsequentes carreiras profissionais, como aliás afirmam, por exemplo, G. Hess e S. Friedland[24]. Por outro lado, como procurarei explicar mais pormenorizadamente de seguida, penso que a convocação de regras especiais pertinentes a contratos tipificados na lei civil é condição de o ensino e a aprendizagem não aparecerem como fórmulas vazias de realidade, ou seja, dito de outro modo, que é a referência aos contratos, *maxime* mas não só típicos, que possibilita aos estudantes compreender o alcance normativo na vida social e económica das regras jurídicas com que trabalham. É que a exposição de regimes jurídicos descontextualizados de uma realidade social e económica perceptível, aquilo que os estudantes designam por "teoria" é o "ensinocídio"[25] do Direito; não é possível alguém ter realmente interesse em fórmulas discursivas desligadas de qualquer realidade, sendo essa forma de

---

[23] Como, num plano mais geral, se espera que os graduados em Direito estejam em condições de conhecer e compreender numerosos regimes legais que não constituem, nem podem constituir, objecto de disciplinas autónomas da licenciatura.

[24] *Op. cit.*, pág. 5.

[25] Parece que começou recentemente a compreender-se que é o "ensinocídio" de outras ciências, como, por exemplo, a matemática.

apresentação tanto mais condenável quando se trabalha numa área do conhecimento em que tudo tem que ver com a regulação de interesses das pessoas[26] [27].

Dito isto, talvez seja até desnecessário acrescentar por que penso que, numa primeira disciplina de Direito da Obrigações, não é de incluir o tratamento do regime de qualquer contrato em especial nem sequer de lamentar que tal não seja feito[28]. Os contratos em especial, mormente os regulados no Código Civil, são muito estudados, embora não sistematicamente, não se criando a sensação de que o que se estuda nada tem que ver com a realidade económica e social em que estamos inseridos.

---

[26] E é agravado pelo facto de os estudantes que escolheram o curso por razões próprias e positivas se terem motivado, muitas vezes, pela possibilidade de intervenção na realidade social.

[27] Daí que aquilo que M. A. Carneiro da Frada, *Direito Civil – Responsabilidade Civil – O método do caso*, Coimbra, 2006, designa por "método do caso" (salvo incompreensão minha, o que é muito de ponderar) constitua óbvia metodologia lectiva, que há muitos anos pratico indistintamente em aulas chamadas teóricas, teórico-práticas ou práticas.

[28] Há muitos anos, ainda jovem e imatura nestas lides, convencida dessa necessidade, incluí no programa o regime do contrato de arrendamento, já por pensar que se justificava estudar um contrato em especial, já por considerar (mesmo nessa época, hoje remota) que o importante não era tanto o concreto regime que se estudava quanto a percepção da realidade a que o direito se destina, já, finalmente, porque esse era, ao tempo, um regime que conhecia bem não apenas nas suas concretas disposições mas, sobretudo, na sua evolução histórica e razão de ser. Durante esse mesmo ano lectivo, verifiquei que fora uma má ideia, porque tinha prejudicado em muito a explicação dos regimes da parte geral e porque o estudo daquele concreto regime não tinha logrado suprir a insuficiência da formação obtida.

Finalmente, percebi que o anseio dos estudantes pelo estudo de um ou dois concretos contratos não decorre senão da forma como lhes são ensinados os conteúdos do Direito das Obrigações. Tanto quanto pude verificar nos longos mais de vinte anos últimos, os estudantes não ficam com a frustração do desconhecimento do regime de qualquer contrato em especial, embora tenham curiosidade em relação aos regimes de contratos que se encontram em legislação avulsa e com os quais não tiveram, as mais das vezes, contacto na cadeira. Isto é, tanto quanto pude perceber, mais sensível em relação às figuras contratuais que foram sendo recebidas na ordem jurídica portuguesa, figuras novas, de que muito se fala quer na realidade económica quer nos estudos de Direito de quem opta por trabalhar em domínios mais recentes com a dupla esperança de estar a contribuir para o avanço científico em áreas ainda não trabalhadas em Portugal e de estar a defender-se da superficialidade com a novidade e o desconhecimento que por vezes se manifesta.

Direito das Obrigações

Em qualquer caso, tal problemática, a existir[29] – e penso que ela continua a ter infelizmente pertinência em algumas Escolas de Direito –, na Faculdade de Direito da Universidade Nova de Lisboa estará(ia) resolvida em grande medida, dado existir uma disciplina (embora optativa) de Contratos Civis e Comerciais[30].

Na inevitável selecção de temas, talvez[31] o que mais lamento não abordar é o do regime próprio das obrigações pecuniárias, muito embora alguns dos aspectos mais importantes desse regime sejam convocados por mim em muitas ocasiões. Procuro consolar-me actualmente pensando na crescente importância da chamada desmaterialização do conteúdo das obrigações (e não só) e na quase impossibilidade que há de lhe fazer mais do que referências quase acidentais, como, por exemplo, ao falar dos futuros e derivados[32].

---

[29] Sinde Monteiro, *Direito das Obrigações*, *op. cit.*, págs. 5, e 39-40, referindo que o estudo do regime especial da compra e venda é "indispensável" quer para "os [os estudantes] obriga[r], na resolução de casos práticos, a uma experiência e atitude intelectual diferente, nomeadamente ao terem de sentir a tensão entre a aplicação das normas especiais e das gerais", quer "para completar o estudo do incumprimento das obrigações, no que respeita a uma modalidade importante, a que não terá porventura, até hoje, sido dado o devido relevo nos cursos gerais de direito das obrigações: o cumprimento defeituoso ou imperfeito".

É evidente que a segunda razão invocada pelo autor – que a primeira só releva do modo de abordagem dos temas que são estudados – resulta de uma posição quanto ao regime do cumprimento defeituoso, que é, à uma, a de entender que ele se encontra consagrado a propósito da compra e venda de coisas defeituosas (falta a empreitada, que é também um clássico nesta área, mas que, talvez por um pouco menos antigo, não é tido em conta pelo autor). Não é o meu entendimento, embora não deixe de fazer referência a essa posição (lamentando, interiormente, que Pereira Coelho não tenha encontrado eco sequer na sua Escola). O regime do cumprimento defeituoso é estudado em conjunto com o do chamado, pela lei, cumprimento parcial, que em nada carece de complemento dos regimes especiais da compra e venda ou da empreitada.

[30] Actualmente com designação diversa.

[31] Nunca consigo verdadeiramente decidir se o estudo do regime das obrigações solidárias – até pelas características da respectiva formulação, que aqui me dispenso de qualificar – não seria tanto ou mais importante do que o das obrigações pecuniárias.

A verdade é que a indecisão interior nunca teve até hoje qualquer impacte exterior, dado que a alternativa em que se traduz tem sido impertinente, por nenhum dos seus termos ter tido cabimento temporal no programa que tenho adoptado. A questão essencial é, pois – não o ignoro, mas ainda não consegui resolvê-la –, a de repensar a hierarquia da importância de algum dos conteúdos daquele e dos destes regimes que agora refiro.

[32] Numa Faculdade em que se entende que o Direito Comercial não justifica uma disciplina obrigatória, talvez nada disto seja considerado de grande relevância, mas, como

3. Método de exposição

Opta-se por enunciar o programa – tão desenvolvido quanto aquele que no início do ano lectivo é facultado a todos os estudantes – explicando o concreto conteúdo de cada um dos vários pontos sumariados e a respectiva razão de ser[33].

A análise da relação jurídica obrigacional, com decomposição nos seus vários elementos, é discutível e pouca certeza tenho sobre a sua bondade. A razão de ser desta abordagem não releva tanto de qualquer especial apreço pelo esquema da relação jurídica quanto da facilitação que este quadro proporciona para a exposição sequencialmente compreensível de conceitos básicos. Como, porventura, muitas outras disciplinas, o Direito das Obrigações, para ser ensinado de forma não primária, não se compadece com uma exposição linear, antes carece de frequentes incursões em regimes diferentes daquele que, no momento, é o objecto principal de atenção. Consequência provável disto é o desnorte de quem pela primeira vez contacta com esta realidade normativa. Daí que julgue ser preferível, como já referi, que haja um fio condutor perceptível que permita integrar os desvios aparentes e obter dos regimes uma visão integrada e complementar.

Porém, porque na Faculdade de Direito da Universidade Nova de Lisboa, pelo menos actualmente[34], o Direito das Obrigações corresponde

---

as razões daquela opção se me afiguram ser das que a ciência e a razão desconhecem, nunca nada estará claro ou será, pelo menos para mim, previsível. O que não tem, evidentemente, importância de maior.

[33] Talvez fosse preferível enunciar o programa global, deixando para momento posterior a sua explicação e justificação. Assim se tornaria a percepção dele mais fácil e linear. Podendo fazê-lo pela inversão da ordem da exposição do programa unitário de Direito das Obrigações e daquele, reordenado, em dois conjuntos, pertinentes a Direito das Obrigações I e II, respectivamente, prefiro, porém, começar pela apresentação pormenorizada e justificada do programa da disciplina unitária. A razão desta opção reside, essencialmente, em que a reordenação que fiz e que adiante apresento não dá da sequência do programa uma visão que permita compreender o que faço e o o por quê de o fazer, dada a distorção que a própria reordenação implica. Creio, em suma, que sobre a facilitação da leitura deve prevalecer a compreensão do conteúdo e razão de ser.

[34] E assim continuará a ser – sem referir (menos apreciar) agora as alterações de designação e de conteúdos lectivos entretanto introduzidos –, dadas as imposições do chamado "processo de Bolonha".

Direito das Obrigações 21

a duas cadeiras semestrais, enunciarei também os programas que tentativamente elaborei na perspectiva de uma diferente sequência implicada pela cisão da disciplina em dois semestres.

A

PROGRAMA DA DISCIPLINA DE DIREITO DAS OBRIGAÇÕES

1. Objecto do direito das obrigações. A heterogeneidade das situações cujo regime reentra no âmbito do direito das obrigações. Caracterização individualizadora deste ramo do direito civil; a absorção funcional dos direitos reais de garantia.
2. Noção de obrigação. As várias acepções do termo obrigação. A noção legal e sua análise.
3. A obrigação e breve distinção de outras figuras próximas: dever jurídico, sujeição e ónus.
4. Caracterização da obrigação pelo interesse do credor. Análise crítica desta concepção: a obrigação como instrumento de realização também de interesses diversos do interesse creditório.
5. Direitos de crédito e direitos reais: análise comparativa: eficácia relativa e eficácia absoluta; tipicidade e atipicidade (recapitulação). Referência ao efeito externo das obrigações.

EXPLICAÇÃO – Começa-se por explicar, e exemplificar, a variedade das relações de que se ocupam as normas do Livro das Obrigações do Código Civil. Enuncia-se o critério unificador dos regimes, com referência à atracção funcional de algumas figuras, em especial os direitos reais de garantia, para a sede do regime das obrigações; não se referem aqui os direitos reais de aquisição, quer por os estudantes não terem ainda, segundo creio, neste momento do ano, o conhecimento da sua existência e características, quer por vir a haver ampla oportunidade de os mencionar aquando do estudo do contrato-promessa e dos direitos de preferência; poderia fazer-lhes uma alusão e remeter o seu estudo para ocasião ulterior, mas tenho como princípio nunca referir designações de realidades ou institutos jurídicos sem uma explicação mínima do que são.

Passa-se, de seguida, a um momento de fornecimento e/ou estruturação de instrumentos jurídicos conceituais básicos. Na análise do conceito de obrigação refere-se, brevemente, a divergência que existe na doutrina a este propósito e aproveita-se para colocar os termos da discussão relativa à legitimidade e utilidade das normas definitórias.

Centra-se depois a análise no conceito de obrigação, o que não prescinde de uma chamada de atenção para as divergências que, neste domínio, podem existir, e existem, não as escondendo, antes as expondo, como acontece com todas as tomadas de posição que relevam de pré-compreensões constitucionais ou valorativas e, até, ideológicas. Todas as exposições, mesmo de entendimentos divergentes, são acompanhadas, sempre que possível, de exemplos[35].

O muito sumário traçado da linha de fronteira entre os direitos de crédito e os direitos reais é a primeira oportunidade para referir o chamado problema da eficácia externa, o que, evidentemente, não prescinde de exemplos que implicam a consideração de contratos típicos, jurídica e socialmente.

Não se mencionam as clássicas questões da autonomia e da patrimonialidade das obrigações, porque: quanto à primeira, a controvérsia que historicamente existiu deixou de ter razão de ser e a alusão, aquando das fontes, às obrigações de fonte legal, basta, a meu ver, para dizer o que é necessário; quanto à segunda, a lei resolve-a com clareza e esta não é uma disciplina de história do pensamento jurídico obrigacionista.

6. A relação obrigacional simples e complexa: primeira referência.

7. Os elementos constitutivos da relação obrigacional. Os sujeitos da obrigação.

8. A essencialidade da existência de dois sujeitos e a mutabilidade da titularidade das posições sem alteração da obrigação. Referência às formas de transmissão das posições jurídicas creditória e debitória.

9. Obrigações singulares e plurais: referência aos regimes da conjunção e da solidariedade.

EXPLICAÇÃO – A abordagem da relação obrigacional pelos sujeitos permite, além de distinguir entre as posições de credor e *accipiens,* e de devedor e *solvens,* com as respectivas implicações de regime quanto ao cumprimento e incumprimento, referir, ainda que sem grande desen-

---

[35] Prefiro esta modesta designação à de *caso*, mas é matéria de gosto e, dentro deles, este parece-me ser um em que a discussão é infrutífera.

Direito das Obrigações

23

volvimento, as formas de transmissão das posições activa e passiva da relação obrigacional, isto é, a cessão de créditos e a transmissão de dívidas, deixando aludida, para tratamento ulterior, a sub-rogação.

Partindo do mesmo ponto de abordagem, aproveita-se para distinguir, dentro das obrigações plurais, embora sem grande pormenor, os regimes da conjunção e da solidariedade, dada a importância deste último quer quanto a algumas obrigações civis quer, e sobretudo, relativamente às mercantis. As linhas gerais de regime são expostas tendo em consideração os interesses que elas visam tutelar e preterir.

10. O objecto da obrigação: a prestação. Requisitos do objecto: determinabilidade, possibilidade física e legal, e licitude (recapitulação).

11. Modalidades da prestação: prestação de facto e prestação de coisa. "Facere", "non facere", "pati" e obrigação de facto de terceiro. Obrigação de meios, de resultado e de garantia: critério da classificação, sua apreciação crítica e sua utilidade.

12. Modalidades de prestação de coisa: prestação de coisa presente ou futura.

13. Prestação instantânea e prestação duradoura. Prestação instantânea fraccionada e prestação duradoura periódica. As implicações de regime da distinção: referência aos regimes dos art.ºs 434.º, n.º 2, e 781.º, C. C., e à denúncia do contrato. Primeira referência ao regime especial da compra e venda a prestações.

14. Prestação fungível e prestação infungível. A infungibilidade natural e convencional. As implicações de regime da distinção.

EXPLICAÇÃO – Continuando a analisar a relação obrigacional, agora no seu objecto, a prestação, surge a oportunidade para distinguir os seus vários tipos, na perspectiva, que é a adoptada sempre que se trata de uma classificação, de, enunciando o respectivo critério, salientar a respectiva utilidade, pelas diversidades de regime que ela acarreta. O que significa, por exemplo, que, nesta ocasião, se faça uma primeira abordagem do regime da execução forçada das obrigações bem como do do seu cumprimento e incumprimento. É esta também a oportunidade para, a título de exemplos, referir vários contratos, cujas obrigações se inscrevem tipicamente em cada uma das modalidades mencionadas. A referência à distinção entre obrigações de meios, de resultado e de garantia explica-se quer por ela ser aludida em muitos dos manuais e textos jurídicos, quer por constituir instrumento útil para familiarizar os formandos com a diversidade de conteúdos da prestação debitória, designadamente em casos em que, na aparência, eles são idênticos. É, em regra, a pretexto da obrigação de facto de terceiro que refiro esta classificação porque, como facilmente se apreende, resolvendo-se tal obrigação numa prestação de facto próprio, a extensão desta prestação debitória pode ser diversa – correspondente, justamente, à diligência razoável para obter do terceiro a realização do facto, ou a uma diligência muito superior, toda a que for necessária para o resultado ser conseguido, ou, ainda, por poder adicionar-se-lhe uma convenção de agravamento da responsabilidade debitória, o que é geralmente sinónimo de obrigação de garantia.

O estudo da prestação de coisa futura é pretexto para análise do regime da doação desta, bem como do da respectiva compra e venda e suas modalidades. Neste quadro se salienta a importância da salvaguarda de riscos nos contratos, quer aleatórios quer comutativos, aproveitando-se para dar a conhecer aos formandos a realidade jurídica do mercado de futuros e derivados, com referência à sua história, suas modalidades e regime jurídico.

No contexto destas explicações, predomina, pois, a preocupação em alertar para o papel que os contratos, e respectiva formulação, têm no acautelamento de riscos, resultantes quer da sua natureza quer do prolongamento temporal da execução das respectivas obrigações.

O estudo das obrigações de prestação instantânea fraccionada e a consequente referência ao regime especial da compra e venda a prestações tem, nesta ocasião, também o propósito de chamar a atenção para um paradigma de regime legal especial e para o de uma norma cuja interpretação com exclusivo recurso ao elemento literal se revelou estéril. A propósito da distinção entre obrigações de prestação instantânea e de prestação duradoura, referem-se os casos, por vezes nada lineares, quer de prestações instantâneas carecidas de uma actividade preparatória alongada no tempo, quer daquelas outras em que, sendo a componente principal a duradoura, existe uma outra, instantânea, que não pode ser desconsiderada ou subestimada, de que constituem exemplos emblemáticos a compra e venda e a empreitada.

Fungibilidade e infungibilidade da prestação são noções expressivamente reveladoras da importância do interesse do credor enquanto razão de ser essencial da obrigação e elemento decisivo da sua conformação. São, do mesmo passo, pretexto para alertar para a natureza jurídica e não

Direito das Obrigações 25

naturalística da distinção, o que se me afigura relevante do ponto de vista formativo de um pensamento jurídico. Menciona-se, para se criticar, o *tertium genus* da chamada infungibilidade relativa, explicando-se a que respeita e por que julgo não dever ser autonomizado. Só o faço por lições e manuais conterem frequentemente referência ao tema, o que, omitindo--se nas aulas a menção, teria a necessária consequência de criar confusões e dúvidas injustificadas.

Salienta-se aqui que a clássica distinção entre objecto mediato e objecto imediato não é sequer aflorada, sendo o motivo o da minha incompreensão da utilidade teórica da temática. Sempre que assim seja, poupo os estudantes à memorização dessas noções, classificações ou querelas. Também nas prestações *de dare* não exponho a respectiva tripartição em dar, entregar e restituir, por me parecer que a distinção sobressairá nos momentos oportunos e que, neste, nada mais significará do que a apresentação de um conjunto de palavras, a carecer de incompreensiva memorização.

15. Vínculo jurídico. As posições em que se decompõe: a relação obrigacional complexa.
16. Modalidades de obrigação quanto ao vínculo: obrigações civis e obrigações naturais. Referência à natureza e ao regime das obrigações naturais.

EXPLICAÇÃO – A caracterização da obrigação pela multiplicidade e variedade de posições jurídicas que pode compreender é, em regra, estéril se não for acompanhada de exemplos claros e cognoscíveis[36], o que impõe o recurso a contratos típicos e atípicos. Ainda assim, a exposição é limitada, dado que só o ulterior estudo do regime de algumas obrigações (*maxime* das sinalagmáticas) permite a cabal compreensão da noção de obrigação complexa.

---

[36] A utilização de exemplos, preferentemente relativos a situações sociais conhecidas dos estudantes, neste como em quase todos os pontos, é método que, creio – e não só eu: v. G. Hess e S. Friedland, *op. cit.*, pág. 14, onde se escreve que os "exemplos constituem um importante instrumento para ajudar os estudantes a compreender conceitos complexos" e que eles devem ser "concretos, breves e que incluam ideias conhecidas dos estudantes" –, não pode ser dispensado no ensino.

O segundo ponto consiste numa exposição breve, dado que a importância das obrigações naturais não pode considerar-se, no mercado, muito relevante, e as questões teóricas que podem colocar-se mais não são do que pretextos de exercício intelectual que a outros propósitos pode, com maior utilidade, realizar-se.

Lamento, nesta área, não ter mais clara, em termos teóricos, a linha de fronteira entre a obrigação civil, a obrigação natural, a obrigação social e a de mera obsequiosidade. Poderia, como muitas vezes vejo fazer nos escritos, dizer algumas generalidades que nem se me afiguram convincentes nem, enquanto fornecedoras de critério de qualificação, resistem ao enunciado de meia dúzia de exemplos comuns socialmente. Tenho preconceitos, como quase todos os meus concidadãos que desta temática se ocupam; talvez diversamente de alguns, como tais os reconheço e os explicito aos formandos, para que não lhes atribuam maior importância do que os preconceitos merecem. Dos meus, o principal é o de que não deve negar-se carácter jurídico a acordos e relações em razão da existência de vínculos familiares ou afectivos entre as respectivas partes.

17. Garantia da obrigação: noção e objecto da responsabilidade patrimonial.

17. – a) Convenções sobre garantia.

17. – b) Limitação da garantia patrimonial por terceiros.

18. Os meios de defesa da garantia patrimonial – declaração de nulidade, sub-rogação do credor ao devedor, impugnação pauliana e arresto: caracterização funcional e regimes.

19. Garantias especiais da obrigação. Garantias pessoais e reais. Referência, em especial, às garantias previstas na lei civil com indicação dos aspectos caracterizadores dos respectivos regimes. A garantia bancária autónoma: história, modalidades e utilidade.

EXPLICAÇÃO – A propósito do objecto da garantia das obrigações, faço, mesmo que sumariamente, referência às disposições processuais que caracterizam os vários tipos de bens impenhoráveis e também às fases da acção executiva, com especial ênfase na penhora e na venda executiva.

No domínio das convenções sobre garantia patrimonial, limito-me à exposição do seu regime legal, sem referir os problemas que a permissão das primeiras pode implicar na proibição das convenções de exclusão ou

Direito das Obrigações 27

de limitação da responsabilidade obrigacional, por se tratar de tema que só muito ulteriormente será abordado e que, carecendo de exposição – com as dúvidas que sobre ele tenho –, não poderia neste momento sê-lo com compreensibilidade pelos destinatários.

O tratamento dos meios conservatórios da garantia é apenas o suficiente para se compreenderem os respectivos pressupostos e efeitos, isto é, para, numa perspectiva funcional, habilitar os estudantes a conhecer e a lidar com cada um deles. O mesmo, tendencialmente, se passa com o regime das garantias especiais, das quais nesta fase se deixa de fora o direito de retenção. Aproveito esta ocasião para falar aos estudantes das garantias autónomas, em especial das garantias bancárias autónomas *on first demand*, explicando as suas história, modalidades e vantagens.

20. Fontes das obrigações. Caracterização e enunciado das fontes das obrigações.

21. Os contratos. Noção e sede legal do respectivo regime. Abordagem funcional do contrato e sua relevância.

22. As chamadas relações contratuais de facto.

23. O conteúdo do contrato: interesses e riscos.

24. O princípio da liberdade contratual (recapitulação). Limites materiais e limites jurídicos: posição contratual débil, contratos de adesão e cláusulas abusivas.

25. Contratos típicos, atípicos e mistos. Contrato misto, união e junção de contratos.

26. Os vários tipos de contrato misto e o problema do seu regime.

27. Os limites positivos e negativos da liberdade contratual.

28. Os chamados contratos de adesão e a restrição à liberdade contratual material que eles implicam. A disciplina do Decreto-Lei n.º 446/85, de 25 de Outubro: revisão e desenvolvimento.

EXPLICAÇÃO – Por uma ordem que nem sempre é exactamente esta – o que aliás não sucede apenas neste ponto, já que a dinâmica do discurso e a interacção com os estudantes produzem necessariamente variantes, que procuro disciplinar na medida do razoável[37] –, sintetizam-se

---

[37] E do que me é possível, pois constitui um esforço, que nem sempre logro realizar com êxito, seguir nos tempos lectivos a ordem de temas inicialmente elaborada, já que tenho grande dificuldade em deixar sem explicação – ainda que sumária – noções que

e consolidam-se agora conhecimentos já adquiridos, desenvolvendo-se o regime dos contratos de adesão e explicando-se a temática dos contratos atípicos no quadro dos interesses e riscos que qualquer contrato visa regular. É esta uma das fases em que o recurso ao método da análise económica do direito é mais evidente, em razão do tipo de problemas que estão em causa.

Porém, em particular na caracterização dos contratos mistos e da união e junção de contratos, o acento no rigor terminológico, isto é, conceitual é muito vincado, sendo sensível a sua necessidade quando, como é frequente, os estudantes não interiorizaram ainda a ideia de que a precisão é uma característica identificadora do discurso jurídico[38]. Sem abandonar a perspectiva funcional – sem a qual a compreensão dos contratos mistos, da união e da junção de contratos estaria antecipada e irremediavelmente condenada –, a vigilância relativa ao rigor conceitual tem, neste capítulo, oportunidade ou necessidade reforçadas, se bem que embaraçadas pelas diversidades terminológicas que os vários autores ostentam[39].

A exposição das restrições ao princípio da liberdade contratual é muito "matter of fact", se assim me posso exprimir ao falar da exposição de regimes legais, mas não deixa de ser ideológica e como tal assumida, diversamente do que é prática frequente de jurisconsultos e professores portugueses[40]. Quer isto dizer que não condeno, como é frequente na doutrina portuguesa, as limitações legais à liberdade contratual – por dela divergir radicalmente desse ponto de vista –, embora também não as louve, já que a sua apreciação valorativa depende, em cada caso, da respectiva motivação. Constituindo regimes politicamente marcados de forma muito clara, a minha concordância ou discordância varia em função das orientações que os inspiram. Pelo que me circunscrevo, no discurso, ao enunciado de alguns regimes exemplares, procurando dar a

---

aparecem *obiter*, correcções de erros cometidos pelos estudantes nas suas intervenções (que têm o direito de cometer e de ver corrigidos) ou esclarecimento de dúvidas que coloquem.

[38] Como de qualquer discurso científico, creio. Mais do que a de muitos outros, por o seu único modo de expressão ser a língua.

[39] Sigo aqui, como em outros pontos, a lição de Galvão Telles, pela profundidade de análise, ímpar na doutrina, pelo rigor conceitual e pela facilidade (e indispensabilidade) de acesso à fonte.

[40] V., por todos, Ribeiro de Faria, *op. cit.*, págs. 13-14, e autores aí citados.

Direito das Obrigações 29

compreender a respectiva teleologia, isto é, os interesses que protegem e preterem. E, em geral, coloco o problema da legitimidade da intervenção legal sem uma sua valoração global, mas alertando para a variedade de objectivos de que ela pode constituir instrumento. Na interpretação do Decreto-Lei n.° 446/85, a importância dos elementos teleológico, histórico e sistemático aparece como muito evidente, com conclusões interpretativas que inevitavelmente arrastam considerações valorativas das soluções legais em numerosos aspectos.

29. Eficácia dos contratos. Contratos com efeitos familiares e sucessórios.
30. A eficácia obrigacional. A eficácia *inter partes* e o problema da eficácia externa das obrigações. Posições das doutrinas civilísticas sobre este problema. A questão na ordem jurídica portuguesa.
30. – a) Eficácia pós-contratual.
30. – b) A eficácia de protecção de terceiros.
31. A eficácia real. O princípio da consensualidade e suas excepções. Confronto com outros sistemas e sua apreciação comparativa.
32. Efeito real e risco. O regime do risco em geral e na alienação de coisas genéricas. O regime convencional do risco (remissão para momento posterior).
33. Distinção entre contratos com eficácia real e contratos reais quanto à constituição.
34. A cláusula de reserva de propriedade: sua análise conceitual.
35. O regime especial da compra e venda com reserva de propriedade: a resolução do contrato, a perda do benefício do prazo e o regime do risco.

EXPLICAÇÃO – De novo, esta é uma fase lectiva marcada, a um só tempo, pelo rigor dogmático e pela compreensão das realidades económicas que explicam e justificam os regimes legais e suas interpretações.

Os primeiros números destinam-se a esclarecer que os contratos não são apenas produtores de efeitos jurídicos obrigacionais[41] (pelo menos primários) e, dentro dos que o são, a salientar a limitação do princípio da relatividade.

---

[41] Tenho suspeitas e, sobretudo, dúvidas acerca da razão da atracção do casamento pela categoria de contrato, mas, justamente porque não se trata de matéria que tenha podido estudar seriamente do ponto de vista histórico (e só nesse quadro ela será compreensível), limito-me a chamar a atenção para a questão.

A eficácia externa não é tema privativo das obrigações contratuais – o que é assinalado –, mas é a propósito destas que mais frequentemente se coloca, e a lei o coloca. Já a eficácia de protecção de terceiros respeita tão-somente aos contratos, o mesmo sucedendo com os efeitos obrigacionais sobreviventes a um contrato já extinto. Nesta fase, dá-se muita ênfase à fecundidade jurídica do princípio da boa fé, consolidando nos formandos um entendimento jurídico dele de clara ruptura com aquele, platónico, que, apesar de tudo, continua a prevalecer em muitos profissionais do Direito, *maxime* advogados e magistrados judiciais. Porém, dado que existem – talvez com crescente frequência – textos doutrinários e decisões judiciais que, com idêntica incompreensão do que pode e deve entender-se pelo princípio da boa fé e seus corolários jurídicos, dele fazendo uma utilização de "direito livre" (para usar uma expressão que neste contexto apenas se pretende que sirva o propósito expressivo, passe o pleonasmo), vago alibi jurídico de soluções julgadas equitativas ou originais, salientam-se também os parâmetros dentro dos quais esta cláusula geral de direito privado permite a identificação de deveres, obrigações, ónus e outros efeitos jurídicos, a fim de evitar a tentação, compreensível em fase de aprendizagem, de nela pretender encontrar apoio para conclusões frequentemente caridosas ou condenatórias que nada têm que ver com o Direito.

Não sendo o princípio da consensualidade algo que tenha correspondência com as noções, realidades e interesses económicos, costumo explicar, embora sumariamente, a história deste regime e a situação actual em alguns sistemas jurídicos, deixando assim, além do mais, os estudantes preparados para compreender aquela que julgo ser a principal explicação funcional do contrato-promessa. Nesta fase da aprendizagem, julgo ainda prematura uma apreciação mais desenvolvida da distorção que este princípio introduz no regime de alguns contratos, em particular no da compra e venda, e dos corolários dela na selecção e recomposição dos tipos contratuais pelos agentes económicos, pelo que sou contida no discurso, quer do ponto de vista do tempo despendido quer na substância.

A referência aos contratos reais, numa ocasião em que se estudam os efeitos dos contratos, justifica-se apenas pela frequente confusão linguística que as designações suscitam, enquanto ocasião de alertar para ela, procurando preveni-la. Porém, porque ela é feita, com desvio de uma ordenação lógica, explica-se a figura, a sua razão histórica e os casos em que na lei portuguesa é acolhida[42], tudo ilustrado – ou mais do que isso, como sempre que possível procuro fazer – com exemplos.

A compra e venda com reserva de propriedade consome algum tempo expositivo, a fim de o respectivo regime – também no que respeita ao risco – poder ser compreendido e igualmente o serem as diversas opiniões sobre este último tema. As razões principais por que o faço são, à uma, a convicção de que se trata de um exemplo muito útil para exercitar noções básicas, quantas vezes mal compreendidas, de interpretação e de distinção entre normas gerais e especiais, e, à outra, para mostrar como os regimes legais, nem sempre se adequando às mais desejáveis soluções económicas, não podem ignorar-se ou contornar-se sem obediência aos critérios hermenêuticos e aos quadros básicos do conhecimento jurídico.

36. Contratos gratuitos e onerosos. Critério da classificação e relevância jurídica da distinção. O regime do artigo 939.º, C. C..
37. Contratos bilaterais e unilaterais. Critério da distinção: análise do sinalagma.
38. Regime próprio dos contratos sinalagmáticos. A excepção do não cumprimento.
39. A caducidade do contrato por impossibilidade superveniente e não imputável de uma das obrigações.
40. A resolução do contrato por incumprimento.
41. A cessão da posição contratual.

EXPLICAÇÃO – A caracterização distintiva dos contratos onerosos e gratuitos constitui oportunidade para, enunciando aspectos de regime diversos de uns e de outros, evidenciar como estes se explicam por razões exclusivamente económicas, o que é, nesta matéria, particularmente transparente.

A fase seguinte é predominantemente dogmática, sendo o meu objectivo principal o de que os estudantes compreendam a *ratio* de cada um dos regimes expostos, designadamente em função do sinalagma entre as obrigações, e em que são explicitadas as divergências doutrinárias a propósito de alguns deles, como é o caso paradigmático do artigo 429.º

---

[42] Igualmente se explicando a sua não universalidade, mesmo em sistemas jurídicos próximos do português.

do Código Civil. Costumo, nesta ocasião, fazer uma pequena incursão muito elementar em processo civil, a fim de que se perceba o que significa, neste contexto, a excepção do não cumprimento. A chamada de atenção para a não necessária coincidência entre obrigações sinalagmáticas e contratos bilaterais requer tempo – com hipóteses factuais ilustrativas – que se me afigura não desperdiçado, pelas implicações de regime que envolve e que tantas vezes são ignoradas[43]. Remeto para ocasião ulterior – a do estudo da responsabilidade obrigacional – o problema da interpretação do artigo 801.º, n.º 2, C. C., designadamente quanto à questão dos danos ressarcíveis em caso de resolução do contrato por incumprimento.

A distinção entre as duas categorias classificatórias é objecto de trabalho, por vezes demorado, com numerosos exemplos.

42. Revisão das formas de extinção dos contratos: distrate ou revogação, resolução, denúncia e caducidade. A oposição à renovação.

43. O regime da resolução dos contratos.

44. A resolução por alteração das circunstâncias

45. O contrato-promessa. Noção. Promessa unilateral e bilateral.

46. O princípio da equiparação, seu significado e suas excepções.

47. A forma do contrato-promessa.

48. Efeitos do contrato-promessa: eficácia obrigacional e eficácia real. Pressupostos da atribuição de eficácia real. Conteúdo jurídico e utilidade económica da atribuição de eficácia real.

49. Constituição de sinal no contrato-promessa. O sinal: sua natureza, funções e regime.

50. As consequências indemnizatórias do incumprimento do contrato-promessa com sinal e sem sinal.

51. Tradição da coisa em contrato-promessa: o que é. Consequências de regime. O direito de retenção como garantia da indemnização por incumprimento.

52. A execução específica da obrigação de contratar: âmbito, natureza e regime.

EXPLICAÇÃO – Relativamente às formas de extinção dos contratos, demoro mais tempo com a resolução por alteração das circunstâncias,

---

[43] Dentro dos meus conhecimentos, trata-se de problema muito frequente em contratos-promessa, mas outros há em que a questão se coloca.

Direito das Obrigações 33

dada, por um lado, a escassez de tratamento desta matéria na doutrina portuguesa e, por outro, a diversidade de abordagens que o tema tem tido nas civilísticas europeias, designadamente continentais e, mesmo na portuguesa, o entendimento minimalista de alguns autores. Quanto à nomenclatura, aqui como quase sempre, não deixando de assinalar as divergências que na própria lei encontram expressão, sigo a utilizada por I. Galvão Telles.

Por princípio, evito grandes alongamentos em matérias de que me ocupei expressamente por escrito[44], já porque aí dispõem os estudantes de elementos de acesso e compreensão do meu pensamento, já porque verifiquei empiricamente que tal atitude pode ter duas consequências negativas: a do alongamento desproporcionado da exposição e a do risco de fornecer aos destinatários um pensamento estruturado na matéria, que dificilmente lhes permite encarar outras posições como defensáveis[45].

Não obstante esta orientação de princípio, a exposição relativa ao contrato-promessa é uma daquelas em que a compreensão das divergências doutrinais exige alguma demora, a fim de evitar, quanto mais não seja, que, incompreensivamente, afinal os estudantes reproduzam aquelas que são as minhas opiniões, o que, a meu ver, não tem qualquer valor formativo. Por outro lado, este é um regime que, na sua evolução, espelha claramente as opções de política legislativa em razão dos interesses económicos e sociais em jogo. Acresce que, na versão legal que é actualmente a sua, se trata de um regime que, na sua articulação com os regimes gerais – designadamente os das várias formas de incumprimento e respectivos instrumentos de tutela creditória – não é de fácil interpretação. As posições doutrinárias – ora defensivas das soluções legais ora opostas a elas – nem sempre constituem auxílio significativo, por, como se disse, serem muitas vezes motivadas por razões que ao Direito são estranhas.

Finalmente, é inevitável, para que se compreenda o regime do não cumprimento deste contrato – e sê-lo-ia, ainda que as soluções legais fossem claras e incontroversas –, explicar, por antecipação, muitos aspectos

---

[44] *O Contrato-Promessa e o seu regime civil*, Coimbra, 2ª reimpressão, 2007.

[45] Claro que este segundo aspecto pode, ainda assim, verificar-se mesmo em exposições menos circunstanciadas e a especial atenção a ele é tanto mais necessária quanto os estudantes não se encontrem preparados para pensar por si próprios, já que a facilidade em alinhar com as "posições adoptadas" é tentação difícil de resistir.

do regime geral do incumprimento das obrigações. Requer esta tarefa uma cautela pedagógica acrescida, porquanto se trata, a um só tempo, de esclarecer tudo quanto é indispensável – por exemplo, a distinção entre mora e incumprimento definitivo e as causas de transformação da primeira no segundo – e de não perder de vista a necessidade de gestão do tempo disponível, tendo em conta que são matérias que têm o seu momento próprio de tratamento e que não pode distorcer-se o programa *in action*, por um alongamento excessivo nestes pontos, inviabilizador da exposição sequente que foi anunciada e programada.

Esta é, em qualquer caso, uma das fases do ensino da disciplina mais demoradas e interessantes para os estudantes, pois aqui têm uma necessidade e uma oportunidade irremovíveis de rever matérias já conhecidas e de tomar contacto com novas, e que supõe e impõe uma razoável destreza na interpretação e aplicação dos regimes jurídicos.

53. O pacto de preferência. Noção. Objecto. Forma.
54. Efeitos obrigacionais do pacto de preferência.
55. Eficácia real do pacto de preferência: requisitos de atribuição e efeitos produzidos.
56. Os direitos legais de preferência.
57. Incumprimento e violação da obrigação de preferência: regimes das preferências convencionais e legais.
58. Pressupostos da acção de preferência. Legitimidade passiva para a acção. Acção de preferência e simulação de preço.

EXPLICAÇÃO – O motivo por que, conformando-me com a orientação programática tradicional na disciplina, me ocupo autonomamente do pacto de preferência está na importância dos direitos legais de preferência e na essencial identidade de regime destes relativamente ao dos convencionais. Por isso que procure fornecer as linhas de regime dos direitos de preferência, enfatizando, quanto ao incumprimento, o dos direitos legais. A questão, não rara no mercado, da simulação de preço permite rever um regime já conhecido e esclarecer dúvidas que muitas vezes subsistem, designadamente na interpretação do artigo 243.º do Código Civil, e sua razão de ser.

Direito das Obrigações 35

59. Contrato a favor de terceiros: natureza. Distinção entre o contrato a favor de terceiros e figuras e situações próximas.
60. Os efeitos para o terceiro do contrato.
61. Adesão e rejeição: forma, destinatários e efeitos jurídicos.
62. Contrato a favor de pessoas indeterminadas ou no interesse público.
63. Relação de cobertura e relação de valuta. Respectivas naturezas e relevância jurídicas.
64. Análise do regime do art. 450.º, C.C..
65. Contrato para pessoa a nomear. Natureza, pressupostos e função.
66. Nomeação: forma, condições de validade e de eficácia, e efeitos jurídicos.
67. Análise da situação em caso de ausência de nomeação, sua invalidade ou ineficácia.
68. Negócios jurídicos unilaterais. Tipicidade dos negócios unilaterais como fontes de obrigações. Importância da figura.
69. Promessa de cumprimento e reconhecimento de dívida: análise do regime do art. 458.º, C.C..
70. Promessa pública e concurso público.

EXPLICAÇÃO – O tratamento do chamado contrato a favor de terceiros constitui oportunidade para explicar brevemente aos estudantes aspectos do regime da doação e das sucessões conexos com aquele, bem como do contrato de seguro – de vida, nomeadamente –, sendo reduzida a relevância da matéria no quadro do programa.

Nenhuma das restantes figuras ocupa habitualmente muito tempo de leccionação, mormente quando os estudantes se encontram familiarizados com o instituto da representação sem poderes. Porém, o contrato para pessoa a nomear, dada a frequência da sua utilização em combinação com o contrato-promessa, justifica algum cuidado na explicação do respectivo regime.

Uma vez que foi já, nesta altura, estudado quer o regime do contrato-promessa quer o da cessão da posição contratual, podem expor-se as dúvidas que na jurisprudência frequentemente se manifestam quanto à qualificação de uma cláusula, designadamente de um contrato-promessa, como de reserva de nomeação de terceiro ou de autorização para a cessão da posição contratual.

Na exposição da temática dos negócios jurídicos unilaterais, neste contexto, sou, em regra, expedita, pois, à excepção da promessa de cumprimento e do reconhecimento de dívida – frequentes no mercado –, que

36   *Ana Prata*

são negócios não constitutivos de obrigações, é matéria de fácil compreensão[46]. A história da admissibilidade da constituição de obrigações por negócio unilateral é referida apenas sumariamente.

71. Gestão de negócios. Situações a que corresponde e apreciação da sua consagração.
72. Requisitos da gestão de negócios e respectivos tipos.
73. Efeitos obrigacionais da gestão de negócios. As obrigações do gestor e consequências do seu incumprimento.
74. As obrigações do dono do negócio Aprovação da gestão e seus efeitos. Ratificação: situações em que intervém e seus efeitos; relação entre ratificação e aprovação.
75. Gestão de actos jurídicos representativa e não representativa: enunciado dos respectivos regimes.

EXPLICAÇÃO – Também aqui o que mais me preocupa é a compreensão do regime da representação, que, se já adquirida, torna a exposição do regime do instituto relativamente célere. Retomo a distinção entre mandato e representação no intuito de consolidar conceitos caracterizadamente jurídicos, indispensáveis para a compreensão de muitas realidades negociais. Aproveito, entretanto, para, a propósito da formulação pouco feliz do artigo 466.º do Código Civil, antecipar a noção jurídica de culpa, distinguindo-a da de ilicitude e referindo a questão doutrinária da forma de apreciação da culpa do gestor. Este último problema que, por si mesmo, não tem, em meu entender, razão de ser face à nossa lei – antes relevando de resistências historicamente ultrapassadas e só compreensível nesse contexto, porque hoje carecidas de fundamento – é aludido pela razão de que alguns dos textos didácticos de Direito das Obrigações continuam a referir-se-lhe, sendo vários os autores que defendem a solução tradicional.

76. Enriquecimento sem causa: noção e pressupostos. Função. Natureza subsidiária do instituto.

---

[46] Salvo quanto ao aspecto de o princípio da tipicidade não respeitar à realização de negócios desta natureza, mas apenas à daqueles que se pretendam como criadores de obrigações para os respectivos autores.

Direito das Obrigações 37

77. **O enriquecimento e suas modalidades. O empobrecimento e suas modalidades.**
78. **A relação entre o enriquecimento e o empobrecimento. A teoria do conteúdo da destinação.**
79. **Ausência de causa justificativa.**
80. **O objecto da obrigação de restituição. A teoria do duplo limite e o conteúdo do segundo limite.**
81. **Prazo prescricional da obrigação de restituição.**
82. **Obrigação de restituição e obrigação de indemnização – primeira referência.**

EXPLICAÇÃO – Esta é uma fonte de obrigações cujas dificuldades de compreensão residem sobretudo na determinação do objecto da obrigação de restituir. Esclarecer o que significa o carácter subsidiário desta obrigação só levanta problemas acrescidos pelo entendimento minimalista que alguns autores portugueses têm da noção e que nunca deixa de ser exposto. A razão do tratamento cuidado do problema do objecto da obrigação de restituir tem que ver com a frequência com que a lei remete para este regime. Detenho-me, em regra, na explicação da técnica legislativa utilizada pelo artigo 482.º do Código Civil, dado o paralelismo entre ele e o artigo 498.º, a fim de antecipar dados para a compreensão deste último.

Uma vez que ainda não foi estudado o regime da responsabilidade civil, a relação entre a obrigação de restituir e a de indemnizar não pode ser exposta cabal e compreensivelmente, pelo que se refere aqui, remetendo-se para momento ulterior o seu desenvolvimento.

83. **Responsabilidade civil. Noção, evolução histórica e teleologia do instituto.**
84. **Funções da responsabilidade civil. Formas de reparação de danos cumulativas ou alternativas.**
85. **Elementos para a compreensão do regime do Código Civil e de algumas posições da civilística portuguesa: história do surgimento e autonomização do instituto na lei civil; evolução histórica económica das respostas ao problema dos prejuízos causados a outrem por actos ilícitos e não ilícitos; referência à história do pensamento jurídico na matéria.**
86. **Responsabilidade extracontratual e responsabilidade contratual: critério da distinção.**

87. Responsabilidade subjectiva e responsabilidade objectiva: carácter excepcional no nosso sistema jurídico desta última e respectiva apreciação crítica.

88. Pressupostos da responsabilidade delitual. Acto voluntário do agente: noção e modalidades. Explicação histórica da exigência e entendimento actual da voluntariedade do facto.

89. Ilicitude. As modalidades de ilicitude constitutiva de responsabilidade civil.

89. – a) Violação de direito subjectivo e natureza do direito violado.

89. – b) Violação de norma legal protectora de interesses alheios e requisitos da constituição em responsabilidade civil: tipos de normas em função da respectiva teleologia dominante; necessidade de carácter ilícito do acto; incidência do acto; círculo de interesses em que o prejuízo ocorre.

90. Algumas condutas antijurídicas autonomizadas legalmente. O abuso do direito: história, concepção no direito português actual e funções (recapitulação).

90. – a) Violação dos limites do direito decorrentes do regime do art. 335.º, C.C..

90. – b) Ofensa do crédito e do bom nome. Noção de crédito. Veracidade e falsidade dos factos afirmados ou difundidos: o problema da relevância desta distinção.

90. – c) Danos causados por conselhos, recomendações e informações.

90. – d) Omissões: a equivocidade do artigo 486.º, C. C., e consequências dela; a cumulabilidade de fundamentos do direito à indemnização.

91. Causas de justificação do acto: noção, enunciado e efeitos.

91. – a) Exercício de um direito: os limites do exercício lícito de um direito subjectivo (recapitulação); a possibilidade de emergência de responsabilidade por actos de exercício de um direito: remissão para a responsabilidade objectiva por actos lícitos.

91. – b) Cumprimento de um dever: requisitos desta causa de justificação. Especial alusão ao dever de obediência hierárquica e seu regime constitucional.

91. – c) Requisitos comuns às formas de autotutela. A acção directa: caracterização e dúvidas quanto à sua compreensibilidade ou extensão.

91. – d) Legítima defesa: requisitos. Remissão do problema do excesso de legítima defesa para sede de causas de escusa.

91. – e) Estado de necessidade: pressupostos. Limites da justificação consagrada no artigo 339.º do Código Civil: a distinção entre danos pessoais e materiais. A distinção entre estado de necessidade objectivo e subjectivo e respectiva relevância. A obrigação de indemnizar prevista no art. 339.º, n.º 2, C. C..

Direito das Obrigações 39

91. – *f)* Consentimento do lesado; limites da sua relevância justificativa. Presunção de consentimento e seus limites, designadamente no âmbito dos actos médicos.

92. Nexo de imputação do facto ao lesante. Noção de culpa.

93. A imputabilidade do agente: noção e *ratio*. Presunções de falta de imputabilidade. A imputação por culpa na criação do estado de falta de imputabilidade e seus limites. Ónus da prova.

94. Os danos causados por inimputáveis. Responsabilidade do vigilante.

94. – *a)* Análise do âmbito de aplicabilidade do artigo 491.º, C. C., em especial a questão do sentido da expressão legal "incapacidade natural".

94. – *b)* Apreciação do âmbito da presunção constante desta disposição.

94. – *c)* Responsabilidade do inimputável: pressupostos e limites.

95. Culpa em sentido amplo e suas modalidades: dolo e mera culpa. Critério da distinção e submodalidades para a doutrina tradicional.

96. Apreciação da noção tradicional de culpa e do critério da sua distinção do dolo. Concepção finalista e sua crítica.

97. Apreciação da culpa: em concreto e em abstracto. Critério do Código Civil.

98. Causas de escusa: noção e relevância jurídica.

98. – *a)* O erro. Noção e requisitos. O regime do erro sobre os pressupostos da acção directa e da legítima defesa, e seu significado normativo.

98. – *b)* O medo. Requisitos da sua relevância de exclusão da culpabilidade. O regime do excesso de legítima defesa e sua relevância normativa.

98. – *c)* As causas de desculpabilidade não tipificadas. A desnecessidade da sua previsão.

99. Graduação da culpabilidade. Critérios em função dos quais se opera. Apreciação crítica dos critérios e das consequências da graduação da culpa.

99. – *a)* A teoria das três culpas e sua (ir)relevância actual. O princípio da equiparação da culpa grave ao dolo: apreciação do problema no direito português.

99. – *b)* Relevância da graduação da culpabilidade. O regime do art. 494.º, C. C., a fixação da indemnização por danos não patrimoniais, a concorrência de culpa de vários agentes ou de culpa do agente com a do lesado. Apreciação crítica destes regimes.

100. Ónus da prova da culpa do lesante. Presunções de culpa.

101. Culpa do lesado; noção, regime e ónus da prova.

102. O dano: noção e modalidades. Danos patrimoniais e danos não patrimoniais.

102. – *a)* O problema da indemnizabilidade dos danos não patrimoniais: história e situação actual.

40   *Ana Prata*

102. – *b)* O dano-morte e o problema da sua indemnizabilidade. Os danos não patrimoniais ressarcíveis em caso de morte da vítima.

102. – *c)* Danos patrimoniais: danos emergentes e lucros cessantes.

103. Danos materiais e danos pessoais: recapitulação e desenvolvimento.

104. Danos presentes e danos futuros: critério temporal da distinção. Formas de indemnização dos danos futuros.

105. Requisitos de indemnizabilidade do dano.

106. Nexo de causalidade entre o facto e o dano. Colocação do problema.

107. Teoria da equivalência das condições: exposição e apreciação crítica. Referência à teoria da última condição.

108. Teoria da causalidade adequada. A sua dupla formulação; apreciação crítica desta posição. As consequências anómalas e tratamento doutrinário maioritário no quadro da causalidade adequada: apreciação crítica deste entendimento.

109. O critério de estabelecimento da relação causal na lei portuguesa.

110. A causa virtual. Situações em que o problema se coloca.

110. – *a)* Relevância positiva e negativa da causa virtual. A relevância negativa face à lei portuguesa.

110. – *b)* O problema da relevância da causa virtual no cálculo da indemnização.

111. Indemnização; ligação à(s) função(ões) da responsabilidade civil; Instrumentos jurídicos civis de punição/dissuasão/prevenção de danos (referência aos *punitive damages*).

112. Indemnização específica e indemnização pecuniária: caracterização distintiva e hierarquia legal.

113. Caracterização distintiva de indemnização em espécie e execução específica: remissão para momento ulterior.

114. Cálculo da indemnização pecuniária. A teoria da diferença.

115. Titularidade do direito à indemnização. Recapitulação dos regimes dos artigos 495.º e 496.º, n.ᵒˢ 2 e 3, todos do Código Civil.

116. Prescrição do direito à indemnização: os vários prazos prescricionais e sua articulação.

117. Direito de indemnização e direito de restituição por enriquecimento sem causa.

EXPLICAÇÃO – Esta é matéria que, em regra, começa a ser leccionada no segundo semestre, ocupando uma significativa parte dele. A apresentação e explicação do instituto são essencialmente realizadas numa perspectiva de análise económica do direito, considerando que ele deve ter uma teleologia exclusivamente reparatória, sendo enunciada a razão

Direito das Obrigações 41

de ser histórica e ideológica dos traços essenciais do regime da nossa lei civil e indicados exemplos de regimes completamente divorciados de qualquer consideração moral/sancionatória.

Esta é a parte da matéria simultaneamente mais difícil e mais estimulante de leccionar.

Difícil, porque é necessário eliminar das cabeças de não juristas todas as tentações intelectuais, emocionais e culturais da descoberta do "culpado", a fim de que possam pensar como civilistas nos quadros da responsabilidade civil e aí identificar danos e responsáveis pelo respectivo ressarcimento; difícil, porque nada os preparou para isto e porque toda a cultura social é contrária a este tipo de abordagem e tratamento; difícil também, porque grande parte da doutrina portuguesa, mesmo da mais recente, não tem frequentemente encarado o tema com um olhar renovado e os lugares-comuns na matéria estão desligados da necessidade e da realidade funcional do instituto. Difícil ainda, porque a própria lei não é clara na sua orientação, apresentando aspectos contraditórios que contribuem para alimentar confusões.

Estimulante, porque é a matéria em mais claramente se trata de demarcar o senso jurídico do senso comum e em que, mais frequentemente, é clara, ostensiva por vezes, a viragem dos estudantes para a compreensão do Direito e o entusiasmo com essa aprendizagem.

Como é fácil adivinhar, é na matéria da culpa que se situa a parte mais difícil e mais interessante do trabalho. A dificuldade não é diminuída pelo facto de alguns manuais disponíveis no mercado abordarem o problema numa perspectiva ética que não pode, pela natureza do instituto, ser consequente. Mas também a ilicitude suscita problemas, já pela formulação de algumas disposições – em que é difícil reconhecer a fronteira entre a responsabilidade delitual e a obrigacional e, mesmo, entre o ilícito e a culpa –, já pelo entendimento, ainda dominante, de que o ilícito aqui relevante é apenas o que consubstancia uma violação de um direito absoluto – ignorando muitas vezes, por exemplo, os direitos familiares de conteúdo pessoal –, já pela dificuldade em autonomizá-la da culpa ou do dano em muitas situações. O que arrasta a consequência de que a noção de dano e a sua identificação não sejam, também elas, claras e pacíficas. De modo paralelo, o critério de estabelecimento da relação causal entre facto e dano não constitui, na formulação da maioria dos obrigacionistas portugueses, um elemento autónomo da culpa, problema a que acresce a escassez e pouca clareza da formulação legal. Tudo isto para não falar, desde logo, do famoso "acto voluntário", verdadeira alcunha de um facto que de voluntário não tem muitas vezes rigorosamente nada.

Nesta sede, estuda-se o regime da obrigação de indemnizar com a enfática chamada de atenção para o seu carácter comum às várias fontes dela e com a exposição das perplexidades que, designadamente o artigo 570.º do Código Civil gera, em especial dada aquela característica de regime da obrigação indemnizatória.

Prescindo, a propósito da responsabilidade civil, de expor com pormenor a forma como abordo os problemas, já porque são muitos, já porque, dado o tratamento da matéria na lei e na doutrina, se tornaria fastidioso enumerar todas as questões que são levantadas e a forma por que tento fazê-las compreender, já porque a pormenorização do programa permitirá aperceber muitos dos problemas que são estudados, já porque, finalmente, sendo a área do ensino na disciplina que é mais estimulante, é também aquela em que as minhas dúvidas são mais sensíveis, o que deixo sempre claro aos estudantes[47] [48].

118. Responsabilidade objectiva. Evolução histórica e situação actual no direito português.

118. – *a*) Modalidades de responsabilidade objectiva.

118. – *b*) A *ratio* da responsabilidade pelo risco.

119. O regime da responsabilidade pelo risco consagrado no artigo 499.º, C. C..

120. Responsabilidade do comitente: pressupostos, função e regime. A questão da natureza da responsabilidade do comissário que arrasta a do comitente.

121. Responsabilidade por danos causados por animais. A distinção entre este regime e o do artigo 493.º, n.º 1, C. C..

122. Responsabilidade do Estado por actos de gestão privada. A distinção entre actos de gestão pública e de gestão privada e as incertezas existentes.

---

[47] Sinteticamente enunciadas em Responsabilidade Civil: duas ou três dúvidas sobre ela, *in Estudos em Comemoração dos cinco anos da Faculdade de Direito da Universidade do Porto*, Coimbra, 2001, págs. 345 e segs..

[48] O regime da responsabilidade civil é hoje objecto de uma disciplina autónoma – em que se estudam os regimes da extraobrigacional, da obrigacional e da pré-contratual – que já leccionei, mas a peculiar situação dos estudantes que, ao tempo, a frequentaram não me permite formular juízo de valor sobre a decisão curricular.

Direito das Obrigações 43

EXPLICAÇÃO – Depois de explicar o surgimento da responsabilidade sem culpa, analiso o regime geral da responsabilidade pelo risco previsto, por remissão, no artigo 499.º do Código Civil, ligo o carácter excepcional que o n.º 2 do artigo 483.º lhe atribui ao contexto ideológico e histórico (especialmente ao nível da ciência do direito) da elaboração do Código Civil e faço alusão aos muitos casos de responsabilidade sem culpa que leis avulsas hoje prevêem.

As explicações relativas aos regimes dos artigos 500.º, 501.º e 502.º não justificam qualquer referência particular, sendo certo que me pergunto não raro se não deveria deter-me mais na análise do último, o que não faço, já porque isso teria forçosamente de se reflectir na preterição de tratamento de outra matéria (que tenho alguma dificuldade em seleccionar), já porque admito que o estudo da responsabilidade do Estado na disciplina de Direito Administrativo possa colmatar a escassez do tratamento nesta cadeira.

123. Acidentes causados por veículos. O critério legal de atribuição da responsabilidade.

124. O detentor: requisitos. Interpretação extensiva da lei, seus limites e consequente extensão de defensabilidade.

125. Riscos próprios do veículo: a interpretação extensiva de alguma jurisprudência e doutrina, e sua apreciação.

126. A presunção de culpa do n.º 3 do artigo 503.º, C. C..: história e situação actual na interpretação jurisprudencial.

127. Causas de exclusão da responsabilidade; o artigo 505.º, C. C., suas interpretações e respectiva apreciação crítica.

128. Beneficiários da responsabilidade. Caracterização dos terceiros, dos transportados em virtude de contrato e dos transportados gratuitamente.

129. Cláusulas de exclusão e limitação da responsabilidade: regime jurídico na responsabilidade delitual e na responsabilidade objectiva.

130. Colisão de veículos: situações de concausalidade e seu regime.

131. Cumulação da responsabilidade subjectiva e objectiva: regime legal e sua apreciação.

132. Os limites da obrigação de indemnizar.

133. O seguro de responsabilidade civil por danos causados por veículos.

134. Os outros casos que o Código Civil qualifica como de responsabilidade pelo risco: análise do artigo 509.º.

EXPLICAÇÃO – Dentro da área da responsabilidade pelo risco, este é o regime cujo exposição é mais difícil, pois há várias soluções legais que não consigo harmonizar e opiniões doutrinárias cuja razão (lógica) de ser não sei fornecer. É, por outro lado, uma área de grande importância social e económica e em que o fenómeno, até nos tribunais, da identificação do "culpado" – paradoxal, numa área de que a culpa está tendencialmente ausente – é mais visível. Sendo a preocupação essencial geral a de que os estudantes adquiram competências para, eles próprios, interpretarem a lei e aplicá-la, não deixa de ser perturbador confrontá-los com decisões judiciais que, não raro, pouco têm de jurídico, antes, com indiferença pela lei e pelo Direito, fazem o que entendem ser justiça no caso concreto.

A compreensão – até das dúvidas e das razões da incompreensibilidade da lei, das posições de grande parte da doutrina e de muita jurisprudência – é, nesta fase, em regra, um objectivo muito premente dos estudantes que se encontram finalmente preparados para enfrentar problemas e não pretendem somente soluções.

A análise dos regimes do artigo 509.º, acompanhada da informação das imposições legais de seguro que em algumas das hipóteses neles compreendidas existem, é, em regra, breve, apenas me detendo, na medida do necessário – que, nesta fase da aprendizagem não é comummente grande –, na exposição da opinião de que, apesar da sede legal, não se trata de regimes de responsabilidade objectivo, mas de responsabilidade subjectiva com culpa presumida.

135. Referência a outros casos de responsabilidade pelo risco previstos na lei.
135. – *a)* A responsabilidade do transportador aéreo.
135. – *b)* A responsabilidade do produtor.
135. – *c)* A responsabilidade por danos causados ao ambiente.

EXPLICAÇÃO – Embora já tenha havido um ano em que não foi possível tratar de todos estes regimes, a regra é seleccionar alguns casos de responsabilidade objectiva fora do Código Civil, para dar deles conhecimento, ainda que não muito pormenorizado. Trata-se, sobretudo, de ilustrar a situação que se descreveu, de multiplicação de regimes de responsabilidade objectiva em legislação extravagante. O carácter sumário

Direito das Obrigações 45

da exposição destes regimes decorre, à uma, da falta de tempo e, à outra, da necessidade de alertar para a respectiva existência, com a convicção de que pode deixar-se o seu conhecimento mais pormenorizado ou para outras disciplinas ou para os próprios formandos, quando for caso disso.

136. Cumprimento das obrigações. Noção.

137. A boa fé no cumprimento: seu âmbito e consequências jurídicas.

138. A regra da pontualidade no cumprimento e seus corolários. A proibição do *aliud pro alio* e o princípio da integralidade do cumprimento. O problema do *beneficium competentiae*: remissão para momento posterior.

139. Os requisitos do cumprimento. A capacidade do devedor e a capacidade do credor. Legitimidade do devedor.

140. Nulidade e anulação do cumprimento e suas consequências.

141. Legitimidade para o cumprimento. A intervenção de auxiliares e substitutos.

142. Consequências do cumprimento por terceiro, com especial atenção ao regime da sub-rogação legal.

143. Cumprimento de obrigação alheia por erro: os regimes dos artigos 477.º e 478.º, C. C..

144. Legitimidade para receber o cumprimento.

146. Análise das situações em que o cumprimento feito a terceiro é liberatório.

145. O cumprimento feito a credor aparente.

146. O lugar do cumprimento. Regime supletivo geral e regimes especiais.

147. – *a)* Alteração do domicílio do devedor e do credor.

147. – *b)* Impossibilidade do cumprimento no lugar fixado.

148. Tempo do cumprimento. Obrigações puras e obrigações a termo.

149. Noção de vencimento da obrigação. Cumprimento anterior ao vencimento: regime do artigo 476.º, n.º 3, C. C..

150. Interpelação: noção e modalidades.

151. O benefício do prazo e sua relevância jurídica.

152. Perda do benefício do prazo.

153. Referência às obrigações *cum voluerit* e *cum potuerit*.

154. Imputação do cumprimento: colocação e solução legal do problema.

EXPLICAÇÃO – Muitos dos regimes aqui sumariados já haviam sido abordados em ocasiões anteriores, pelo que, para além do tratamento daquilo que constitui novidade para os estudantes, esta é uma fase em que se sistematizam e organizam conhecimentos, muitos já adquiridos. Assim, por exemplo, se os requisitos da capacidade das partes para o cumprimento ou as consequências da invalidade deste são regimes desconhecidos, já o mesmo não ocorre com a questão da legitimidade para cumprir ou com o prazo do cumprimento. A propósito da interpelação, aproveito para relembrar (?) a interrupção da prescrição pela citação para a acção de cumprimento ou pela notificação judicial avulsa. A referência à boa fé no cumprimento é ocasião para acentuar a relevância jurídica deste princípio e a multiplicidade de efeitos jurídicos que dele decorrem, procurando, assim, contrariar aquela que tem sido, e continua ainda em alguma medida a ser, a tendência, dominante na jurisprudência, de quase ignorar a fecundidade dele.

A propósito da pontualidade no cumprimento faço uma, embora pequena, referência à dação em cumprimento.

É nesta sede que costumo ocupar-me dos casos de repetição do indevido previstos no Código Civil, por se me afigurar mais lógico e compreensível, atentos os pressupostos das respectivas disposições, tratá-los aqui e não no quadro do enriquecimento sem causa.

155. Não cumprimento das obrigações. Suas modalidades e respectivos critérios distintivos.

156. Impossibilidade de cumprimento não imputável ao devedor. Impossibilidade objectiva e impossibilidade subjectiva.

157. Distinção entre impossibilidade da prestação e *difficultas praestandi*. **A doutrina do limite do sacrifício e sua apreciação. Colocação do problema no direito português.**

158. Impossibilidade definitiva e impossibilidade temporária.

159. Impossibilidade total e parcial: o regime da chamada impossibilidade parcial; a impossibilidade parcial qualitativa.

160. Efeitos da impossibilidade definitiva não imputável: extinção da obrigação e *commodum* **de representação.**

161. O regime especial dos contratos bilaterais (recapitulação).

162. O risco da prestação: seu regime.

162. – *a)* **O risco em caso de envio da prestação para lugar diverso do cumprimento.**

162 – *b)* **O regime convencional do risco. Os INCOTERMS – FOB (FOR, FOT), FAS (FAR) e CIF.**

Direito das Obrigações   47

EXPLICAÇÃO – Está-se aqui perante uma fase do trabalho em que, ao lado do contacto com regimes novos (a especial gravosidade da prestação ou o regime convencional do risco), se sistematizam e consolidam noções já adquiridas (impossibilidade superveniente não imputável, risco da prestação, por exemplo).

163. O não cumprimento imputável ao devedor. A responsabilidade contratual e seus pressupostos.
164. Ilicitude. Causas justificativas do incumprimento obrigacional. Especial referência à excepção do não cumprimento e ao direito de retenção.
164. – *a*) Requisitos do direito de retenção. Constituição e regime do direito de retenção.
165. Culpa. Apreciação da culpa e respectivo ónus da prova.
166. Danos e nexo de causalidade.
167. Danos positivos e danos negativos.
168. Responsabilidade do devedor pelos actos dos seus representantes e auxiliares: pressupostos de aplicação do art. 800.º, n.º 1, C. C..

EXPLICAÇÃO – Mais uma vez aqui se trata, em grande medida, de organizar e estruturar noções já adquiridas. Dentro destas, aquela que justifica mais detenção é o não-cumprimento parcial culposo, dado grande parte da doutrina portuguesa entender que o chamado cumprimento defeituoso não tem um regime próprio, antes tendo de se construir este a partir do da compra e venda de coisas defeituosas e do dos defeitos na empreitada. Não é o meu entendimento e neste não sou original, mas continua, tanto quanto sei, a ser uma posição minoritária. Daí que demore a explicar o por quê da opinião de que as regras gerais são suficientes para fornecer regime para o cumprimento com defeitos, posição que, como todas as outras que me parecem as melhores, não quero que os estudantes adoptem, mas pretendo que compreendam nos seus fundamentos, e tão-só. A questão (nova) mais relevante é a da responsabilidade do devedor por actos de terceiros, tema que suscita algumas dificuldades, mas também grande interesse, nos estudantes. A distinção entre danos negativos e positivos, porque para mim em alguma medida misteriosa (salvo na sua origem histórica), não é fácil de expor, mas, como, felizmente para eles, o mistério não é partilhado pelos obrigacionistas em geral, remeto os estudantes para os textos disponíveis, sem deixar de – como sempre que tal acontece – frontalmente dizer das minhas perplexidades[49]. O regime do direito de retenção, na medida em que não havia sido estudado sistematicamente, é-o agora, não colocando problemas assinaláveis.

169. Mora do devedor: caracterização e efeitos. Responsabilidade obrigacional, a chamada inversão do risco e a convolação da mora em incumprimento definitivo.
170. Execução forçada da obrigação. Conceito e âmbito da execução específica da obrigação. Distinção entre execução específica e indemnização em espécie.
171. Sanção pecuniária compulsória.
172. Incumprimento definitivo e culposo. O regime especial dos contratos bilaterais; o problema do objecto da obrigação de indemnizar em caso de resolução do contrato.
173. Incumprimento parcial definitivo.
174. Convenções sobre responsabilidade.
174. – *a*) Cláusulas de exclusão e de limitação da responsabilidade e seus regimes.
174. – *b*) Cláusula penal: objecto, características e regime.
175. Mora do credor: caracterização e efeitos jurídicos.

EXPLICAÇÃO – As considerações que antes se deixaram feitas têm, também aqui, procedência.

Se bem que já tenha referido o regime da execução específica da obrigação, é agora que ele é tratado sistematicamente, porque é, por regra[50], no âmbito da mora debitória que o recurso a ela tem maior oportunidade e, consequentemente, o mais das vezes lugar. Pela mesma razão, é este o momento em que se estuda a sanção pecuniária compulsória, que fora igualmente referida em ocasião anterior.

A questão do objecto da obrigação de indemnização quando o contrato bilateral é resolvido, por ser relevante economicamente e porque é

---

[49] Na esperança de que sejam mais inteligentes do que eu e possam compreender o que a minha inteligência não alcança.

[50] Evidentemente que nada impede o credor de requerer a execução forçada antes de o devedor se encontrar em mora – mesmo antes de a obrigação se ter vencido, designadamente nas obrigações puras –, mas não é esse o regime de aplicação mais ponderada nem corrente. Por outro lado, o que me parece certo é que nunca a execução específica pode ser requerida (procedentemente) após o incumprimento definitivo.

Direito das Obrigações 49

oportunidade de um exercício intelectual jurídico só susceptível de ser realizado por quem disponha de instrumentos e método de raciocínio jurídicos interiorizados, é tratada. Porém, a falência daqueles pressupostos na esmagadora maioria dos estudantes tem-me levado, por vezes, a abreviar a exposição, por me aperceber de que ela redundará na memorização daquele que é o meu entendimento, sem compreensão efectiva dos termos em que o problema se coloca e das soluções que tem recebido. Ora, como já ficou sobejamente dito, se é vulgaríssimo encontrar estudantes habituados à ideia da "posição adoptada", esta é, no meu ensino, realidade inexistente.

Por outro lado, pelas razões já indicadas – e por o tema, na sua parte mais relevante no mercado, ter um regime próprio no Decreto-Lei n.º 446/85, de 25 de Outubro –, a matéria das convenções de limitação e de exclusão da responsabilidade não ocupa muito tempo[51] e o regime da cláusula penal, porque já havia sido, embora superficialmente, referido a propósito do sinal, também não é causa de grande demora no tratamento. Lastimo não disporem os estudantes, desde o início do ano lectivo, de uma formação que possibilitasse um ritmo diverso de aprendizagem na disciplina, de modo a permitir um estudo dos regimes das convenções sobre responsabilidade mais analítico e valorativo das soluções legais, no confronto designadamente dos regimes gerais e dos especiais do Decreto-Lei n.º 446/85. Mas de nada adianta lamentar o que não há, nem, sobretudo, fingir que a realidade é diferente do que é. Pelo que o estudo destas cláusulas é muito mais escasso do que o que a sua importância jurídica e prática justificaria.

O instituto da mora do credor, mau grado as dificuldades que contém, não costuma ocasionar dúvidas assinaláveis, sendo, a seu propósito, como é bem de ver, tratada, ainda que rapidamente, a consignação em depósito.

176. Responsabilidade pré-contratual: história, função e pressupostos (revisão). Em especial, os danos e a controvérsia acerca das características da sua indemnizabilidade; o problema da qualificação da responsabilidade *in contrahendo*: critérios utilizados e consequências de regime.

---

[51] Não deixando de explicar, na medida em que eu própria o compreendo (que não é, longe disso, cabal), tal regime, e as alterações que a posição que sustentei, em monografia que o tem por objecto, tem de sofrer em razão dos regimes do Decreto-Lei n.º 446/85.

EXPLICAÇÃO – A razão de ser da sediação do tratamento da responsabilidade pré-contratual nesta fase do curso reside – embora ao arrepio da lógica cronológica – em os estudantes já disporem dos conhecimentos relativos à responsabilidade civil, quer delitual quer obrigacional, necessários para que se possa colocar e equacionar a questão do regime aplicável a esta responsabilidade no que não se encontra especialmente regulado pelo artigo 227.º do Código Civil.

Creio, também aqui, que não seria injustificado um estudo mais alongado e aprofundado do instituto[52], mas o facto de ele já ter sido, ainda que perfunctoriamente, conhecido antes e de – o que é o mais – poder ser aprofundado, até individualmente, por quem quiser fazê-lo servem de consolação para a frustração que toda a insuficiência consciente gera.

177. Causas de extinção das obrigações. Formas extintivas satisfatórias do interesse do credor e causas de extinção em que não há satisfação desse interesse.
178. Dação em cumprimento: noção e efeitos.
179. Consignação em depósito: pressupostos e efeitos.
180. Compensação: pressupostos e efeitos.
181. Novação: objectiva e subjectiva.
182. Remissão: conceito e regime.
183. Confusão: noção.

EXPLICAÇÃO – Com o aparecimento de muitas dúvidas nesta fase do ano, dada a proximidade do fim do semestre e, consequentemente, do exame, a exposição destes temas fica, em regra, reduzida. O que não me preocupa sobremaneira, dado que algumas destas figuras já são conhecidas dos estudantes (assim acontece com a dação em cumprimento, referida a propósito da proibição do *aliud pro alio*, com a consignação em depósito, como se deixou mencionado, com a novação a propósito da referência à identidade da obrigação apesar da mudança dos respectivos sujeitos, com a remissão aquando do contrato a favor de terceiro, e com a compensação no decorrer da abordagem de outros temas, a fim de dar

---

[52] E o facto de esse estudo ter actualmente lugar na disciplina de "Responsabilidade Civil" não alterou – tanto quanto pude verificar – a insuficiência de tempo para ele.

Direito das Obrigações 51

exemplos de situações). Seja como for, nunca o regime destas figuras logra ser tratado com grande pormenor.

B

As matérias que formam o conteúdo dos regimes abrangidos pelas normas que compõem o Livro II do Código Civil são muito diversas e fragmentárias se olhadas – como se deve fazer – do ponto de vista das realidades económicas e sociais que regulam. A respectiva unidade provém, como já se deixou assinalado, de um critério puramente jurídico: o da natureza da relação jurídica que se estabelece e é regulada. Esta é uma relação obrigacional, seja qual a fonte de que provenha. Esta a razão por que, no quadro de uma disciplina anual, é costume – orientação que me parece, até melhor solução, seria de manter[53] – abordar quase no início as questões, que no âmbito da disciplina são tratadas, pelo estudo das fontes das obrigações. Aqui se encontra ocasião de estudar as várias relações e situações económicas e sociais que consubstanciam o substrato das relações obrigacionais tendo como perspectiva unitária o efeito jurídico que de qualquer delas emerge, a obrigação.

Esta orientação metodológica é, em certa medida, posta em crise pela divisão do estudo em duas diversas disciplinas.

De facto, não se encontra linha condutora num programa que vise a análise de algumas das fontes desligadamente da vida das obrigações que delas resultam. É que, sendo essa vida pautada pelas mesmas regras, seja qual for a respectiva fonte, não pode estudar-se uma fonte e as obrigações dela emergentes, passando, de seguida e sucessivamente, a repetir o estudo quanto às restantes fontes e relativas obrigações. Numa palavra, não é possível, mantendo um programa unitário – ainda que apenas na medida em que dele decorra um objecto de estudo que comece e acabe dentro do seu próprio quadro –, abordar os contratos, por exemplo, sem, do mesmo passo, analisar inúmeros aspectos que são atinentes ao regime geral do cumprimento e do incumprimento das obrigações[54].

---

[53] Poderá deixar de ser possível com as alterações introduzidas no *curriculum* da licenciatura por força (ou a pretexto) do chamado "processo de Bolonha".

[54] Fala-se, em geral, dos contratos, sem pormenorizar. Pode, porém, ilustrar-se a dificuldade, já pela própria noção funcional de contrato (que os sujeitos só preferem ao

Como dificilmente – se possível – se consegue traçar um desenho compreensível, quer do ponto de vista dogmático quer do funcional, do enriquecimento sem causa sem ter em conta o instituto que lhe disputa o terreno reintegrador patrimonial, a responsabilidade civil.

Dado que, no tempo de um programa semestral, muitos são os conteúdos que perdem sentido, ou só o obtêm com recurso à antecipação de noções e regimes que, formalmente, são os de outra cadeira, há de optar entre duas atitudes: ou manter uma orientação metodológica em que o artificialismo da cisão é ostensivo e como tal tem de ser assumido[55], ou reordenar o programa. É desta última tentativa que agora me ocuparei.

Com o esclarecimento de que, quanto ao conteúdo, os programas agora propostos em praticamente nada diferem daquele que foi já exposto. Apenas procurei organizar sequencialmente os temas de modo a que, na medida do possível, em cada uma das disciplinas, haja unidade e coerência interiores. Assim, tomando como ponto de partida a obrigação, independentemente da sua fonte, analisar-se-ia, em Direito das Obrigações I, esta realidade jurídica na totalidade da sua vida, até à respectiva extinção. Em Direito das Obrigações II, estudar-se-iam as fontes das obrigações[56].

Trata-se de uma tentativa que não creio suficientemente consistente para justificar aplicação. É que se me afigura artificial e, sobretudo, pouco claro – do ponto de vista dos interesses que a lei visa regular – tratar a obrigação, sua vida e suas patologias com desconhecimento dos factos jurídicos de que provém, que a caracterizam no seu conteúdo, a modelam e explicam a respectiva razão de ser.

---

acordo não negocial pelos efeitos vinculativos que produz, o que directamente remete para os contornos das obrigações que deles emergem e pelo que pode/deve ser considerado o respectivo cumprimento), já pela distinção entre contratos bilaterais e unilaterais e regime privativo daqueles (que é incompreensível sem o da mora e o do incumprimento definitivo e culposo de uma das obrigações sinalagmáticas), já pela abordagem, dentro das formas de cessação dos contratos, da resolução (pense-se no fundamento da alteração das circunstâncias e nas linhas de fronteira entre esta e a chamada impossibilidade relativa ou *difficultas praestandi*, e mesmo a impossibilidade, temporária ou definitiva, do cumprimento sem culpa de qualquer das partes), já – para juntar tão-só mais um exemplo particularmente óbvio – pelo estudo do regime do contrato-promessa ou do contrato de preferência.

[55] O que tem sido a minha opção.

[56] Não foi esta a opção da Faculdade de Direito da Universidade Nova de Lisboa, mas nada a condena à inalterabilidade.

Direito das Obrigações

Exponho, sem mais explicações, o programa de Direito das Obrigações I e, de seguida, o de Direito das Obrigações II:

PROGRAMA DE DIREITO DAS OBRIGAÇÕES I

1. Objecto do direito das obrigações. A heterogeneidade das situações cujo regime reentra no âmbito do direito das obrigações. Caracterização individualizadora deste ramo do direito civil; a absorção funcional dos direitos reais de garantia.

2. Noção de obrigação. As várias acepções do termo obrigação. A noção legal e sua análise.

3. A obrigação e breve distinção de outras figuras próximas: dever jurídico, sujeição e ónus.

4. Caracterização da obrigação pelo interesse do credor. Análise crítica desta concepção: a obrigação como instrumento de realização também de interesses diversos do interesse creditório.

5. Direitos de crédito e direitos reais – análise comparativa: eficácia relativa e eficácia absoluta; tipicidade e atipicidade (recapitulação).

6. O chamado efeito externo das obrigações: posições das doutrinas civilísticas sobre este problema. A questão na ordem jurídica portuguesa.

7. A relação obrigacional simples e complexa: primeira referência.

8. Os elementos constitutivos da relação obrigacional. Os sujeitos da obrigação.

9. A essencialidade da existência de dois sujeitos e a mutabilidade da titularidade das posições sem alteração da obrigação. Referência às formas de transmissão das posições jurídicas creditória e debitória.

10. Obrigações singulares e plurais. Os regimes da conjunção e da solidariedade.

11. O objecto da obrigação: a prestação. Requisitos do objecto: determinabilidade, possibilidade física e legal, e licitude (recapitulação).

12. Modalidades da prestação: prestação de facto e prestação de coisa. "Facere", "non facere", "pati" e obrigação de facto de terceiro. Obrigação de meios, de resultado e de garantia: critério da classificação, sua apreciação crítica e sua utilidade.

13. Modalidades de prestação de coisa: prestação de coisa presente e de coisa futura.

14. Prestação instantânea e prestação duradoura. Prestação instantânea fraccionada e prestação duradoura periódica. As implicações de regime da distinção: referência aos regimes dos art.ºs 434.º, n.º 2, e 781.º, C.

C., e à denúncia do contrato. Primeira referência ao regime especial da compra e venda a prestações.

15. Prestação fungível e prestação infungível. A infungibilidade natural e convencional. As implicações de regime da distinção.

16. Vínculo jurídico. As posições em que se decompõe: a relação obrigacional complexa.

17. Modalidades de obrigação quanto ao vínculo: obrigações civis e obrigações naturais. Referência à natureza e ao regime das obrigações naturais.

18. Garantia da obrigação: noção e objecto da responsabilidade patrimonial.

18. – *a)* Convenções sobre garantia.

18. – *b)* Limitação da garantia patrimonial por terceiros.

19. Os meios de defesa da garantia patrimonial: declaração de nulidade, sub-rogação do credor ao devedor, impugnação pauliana e arresto; caracterização funcional e regimes.

20. Garantias especiais da obrigação. Garantias pessoais e reais. Referências às garantias previstas na lei civil com indicação dos aspectos caracterizadores dos respectivos regimes. A garantia bancária autónoma: história, modalidades e utilidade.

21. O regime próprio de algumas obrigações: as obrigações sinalagmáticas. Caracterização destas: análise do sinalagma.

22. Regime privativo das obrigações sinalagmáticas. A excepção do não cumprimento.

23. A caducidade da convenção sinalagmática por impossibilidade superveniente e não imputável de uma das obrigações.

24. A resolução da convenção sinalagmática por incumprimento definitivo e culposo de uma das obrigações.

24. Cumprimento das obrigações. Noção.

25. A boa fé no cumprimento: seu âmbito e consequências jurídicas.

26. A regra da pontualidade no cumprimento e seus corolários. A proibição do *aliud pro alio* e o princípio da integralidade do cumprimento. O problema do *beneficium competentiae*: remissão para momento ulterior.

27. Os requisitos do cumprimento. A capacidade do devedor e a capacidade do credor. Legitimidade do devedor.

28. Nulidade e anulação do cumprimento e suas consequências.

29. Legitimidade para o cumprimento. A intervenção de auxiliares e substitutos.

30. Consequências do cumprimento por terceiro, com especial atenção ao regime da sub-rogação legal.

Direito das Obrigações

31. Cumprimento de obrigação alheia em erro: regime dos artigos 477.º e 478.º, C. C..

32. Legitimidade para receber o cumprimento.

33. Análise das situações em que o cumprimento feito a terceiro é liberatório.

34. O cumprimento feito a credor aparente.

35. O lugar do cumprimento. Regime supletivo geral e regimes especiais.

35. – *a)* Alteração do domicílio do devedor e do credor.

35. – *b)* Impossibilidade do cumprimento no lugar fixado.

36. Tempo do cumprimento. Obrigações puras e obrigações a termo.

37. Noção de vencimento da obrigação. Cumprimento anterior ao vencimento: regime do artigo 476.º, n.º 3, C. C..

38. Interpelação: noção e modalidades.

39. O benefício do prazo e sua relevância jurídica.

40. Perda do benefício do prazo.

41. Obrigações *cum voluerit* e *cum potuerit*.

42. Imputação do cumprimento: colocação e solução legal do problema.

43. Não cumprimento das obrigações. Suas modalidades e respectivos critérios distintivos.

44. Impossibilidade de cumprimento não imputável ao devedor. Impossibilidade objectiva e impossibilidade subjectiva.

45. Distinção entre impossibilidade da prestação e *difficultas praestandi*. A doutrina do limite do sacrifício e sua apreciação. Colocação do problema do direito português.

46. Impossibilidade definitiva e impossibilidade temporária.

47. Impossibilidade total e parcial: o regime da chamada impossibilidade parcial; a impossibilidade parcial qualitativa.

48. Efeitos da impossibilidade definitiva não imputável: extinção da obrigação e *commodum* de representação.

49. O risco da prestação: seu regime.

49. – *a)* O risco nas obrigações genéricas.

49. – *b)* O risco em caso de envio da prestação para lugar diverso do do cumprimento.

49. – *c)* O regime convencional do risco. As cláusulas FOB (FOR, FOT), FAS (FAR) e CIF.

50. O não cumprimento imputável ao devedor.

51. Mora do devedor: caracterização e efeitos. Responsabilidade civil, a chamada inversão do risco e a convolação da mora em incumprimento definitivo.

52. Execução forçada da obrigação. Conceito e âmbito da execução específica da obrigação. Distinção entre execução específica e indemnização em espécie: remissão para ocasião posterior.

53. Sanção pecuniária compulsória.

54. Incumprimento definitivo e culposo. O regime especial das obrigações sinalagmáticas; análise do objecto da obrigação de indemnizar em caso de resolução da convenção sinalagmática.

55. Incumprimento parcial definitivo.

56. Responsabilidade civil. Responsabilidade extracontratual e responsabilidade contratual: critério de distinção.

57. Responsabilidade subjectiva e responsabilidade objectiva: carácter excepcional no nosso sistema jurídico desta última e respectiva apreciação crítica.

58. A responsabilidade obrigacional e seus pressupostos.

59. Acto voluntário: noção.

60. Ilicitude: noção.

61. O ilícito de abuso do direito. História, concepção no direito português actual e funções (recapitulação).

60. Causas de justificação do acto: noção, enunciado e efeitos.

60. – *a)* Exercício de um direito. Os limites do artigo 335.º, C. C..

60. – *b)* Cumprimento de um dever: requisitos desta causa de justificação.

60. – *c)* Requisitos comuns às formas de autotutela. A acção directa, sua caracterização e dúvidas quanto à sua compreensibilidade ou extensão.

60. – *d)* Legítima defesa: requisitos. Remissão do problema do excesso de legítima defesa para sede de causas de escusa.

60. – *e)* Estado de necessidade: pressupostos. Os limites da justificação consagrada no artigo 339.º do Código Civil: a distinção entre danos materiais e pessoais. A distinção entre estado de necessidade objectivo e subjectivo e sua relevância. A obrigação de indemnizar prevista no art. 339.º, n.º 2, C. C..

60. – *f)* Consentimento do lesado; limites da sua relevância justificativa. Presunção de consentimento e seus limites, designadamente no âmbito de actos médicos.

60. – *g)* A excepção do não cumprimento (recapitulação).

60. – *h)* O direito de retenção. Requisitos do direito de retenção. Constituição e regime do direito de retenção.

61. Nexo de imputação do facto ao lesante. Noção de culpa.

62. A imputabilidade do agente: noção e *ratio*. Presunções legais de falta de imputabilidade. Ónus da prova da inimputabilidade. A imputação por culpa na criação do estado de falta de imputabilidade e seus limites. Ónus da prova.

Direito das Obrigações 57

63. Os danos causados por inimputáveis.

64. Culpa em sentido amplo e suas modalidades: dolo e mera culpa. Critério da distinção e submodalidades para a doutrina tradicional.

65. Apreciação da noção tradicional de culpa e do critério da sua distinção do dolo. Concepção finalista e sua crítica.

66. Apreciação da culpa: em concreto e em abstracto. Critério do Código Civil.

67. Causas de escusa: noção e relevância jurídica.

68. – *a)* O erro. Noção e requisitos. O regime do erro sobre os pressupostos da acção directa e da legítima defesa e seu significado normativo.

68. – *b)* O medo. Requisitos da sua relevância de exclusão da culpabilidade. O regime do excesso de legítima defesa e sua relevância normativa.

68. – *c)* As causas de desculpabilidade não tipificadas. A desnecessidade da sua previsão.

69. Graduação da culpabilidade. Critérios em função dos quais se opera. Apreciação crítica dos critérios e das consequências da graduação da culpa.

69. – *a)* A teoria das três culpas e sua (ir)relevância actual. A equiparação da culpa grave ao dolo: apreciação do problema.

69. – *b)* Relevância da graduação da culpabilidade. O regime do art. 494.º, C. C., a fixação da indemnização por danos não patrimoniais, a concorrência de culpa de vários agentes ou de culpa do agente com a do lesado. O problema da sua aplicabilidade à responsabilidade obrigacional.

70. Ónus da prova da culpa do lesante. Presunção de culpa do devedor.

71. Culpa do lesado: noção, regime e ónus da prova.

72. O dano: noção e modalidades. Danos patrimoniais e danos não patrimoniais.

73. O problema da indemnizabilidade dos danos não patrimoniais: história e situação actual. A questão no quadro de regime da responsabilidade obrigacional.

73.– *a)* O dano-morte e o problema da sua indemnizabilidade. Os danos não patrimoniais ressarcíveis em caso de morte da vítima. A aplicabilidade do artigo 486.º do Código Civil à responsabilidade obrigacional.

74. Danos patrimoniais: danos emergentes e lucros cessantes.

75. Danos presentes e danos futuros: critério temporal da distinção. Formas de indemnização dos danos futuros.

76. Danos positivos e danos negativos: apreciação crítica da distinção.

77. Requisitos de indemnizabilidade do dano.

78. Nexo de causalidade entre o facto e o dano. Colocação do problema.

79. Teoria da equivalência das condições: exposição e apreciação crítica. Referência à teoria da última condição.

80. **Teoria da causalidade adequada. A sua dupla formulação; apreciação crítica deste entendimento.** As consequências anómalas e tratamento doutrinário maioritário no quadro da causalidade adequada: apreciação crítica deste entendimento.

81. **O critério de estabelecimento da relação causal na lei portuguesa.**

82. **A causa virtual. Situações em que o problema se coloca.**

82. – *a)* **Relevância positiva e negativa da causa virtual. A relevância negativa face à lei portuguesa.**

82. – *b)* **O problema da relevância da causa virtual no cálculo da indemnização.**

83. **Indemnização; ligação à(s) função(ões) da responsabilidade civil. Instrumentos jurídicos civis de punição/dissuasão/prevenção de danos (referência aos *punitive damages*).**

84. **Indemnização específica e indemnização pecuniária: distinção e preferência legal. Distinção entre indemnização em espécie e execução específica.**

85. **Cálculo da indemnização pecuniária. A teoria da diferença.**

86. **Responsabilidade objectiva. Evolução histórica e situação actual no direito português.**

86. – *a)* **Modalidades da responsabilidade objectiva.**

86. – *b)* **A *ratio* da responsabilidade pelo risco.**

86. – *c)* **Responsabilidade do devedor pelos actos dos seus representantes e auxiliares: pressupostos de aplicação do art. 800.º, n.º 1, C. C.**

87. **Convenções sobre responsabilidade.**

87. – *a)* **Cláusulas de exclusão e de limitação da responsabilidade e seus regimes.**

87. – *b)* **Cláusula penal: objecto, características e regime.**

88. **Mora do credor: caracterização e efeitos jurídicos.**

89. **Causas de extinção das obrigações diversas do cumprimento. Formas extintivas satisfatórias do interesse do credor e causas de extinção em que não há satisfação do interesse creditório.**

90. **Dação em cumprimento: noção e efeitos.**

91. **Consignação em depósito: pressupostos e efeitos.**

92. **Compensação: pressupostos e efeitos.**

93. **Novação: objectiva e subjectiva.**

94. **Remissão: conceito e regime.**

95. **Confusão: noção.**

Direito das Obrigações   59

PROGRAMA DE DIREITO DAS OBRIGAÇÕES II

1. Fontes das obrigações. Caracterização e enunciado das fontes das obrigações.

2. Os contratos. Noção e sede legal do respectivo regime. Abordagem funcional do contrato e sua relevância.

3. As chamadas relações contratuais de facto.

4. O conteúdo do contrato: interesses e riscos.

5. O princípio da liberdade contratual (recapitulação). Limites materiais e limites jurídicos: posição contratual débil, contratos de adesão e cláusulas abusivas.

6. Contratos típicos, atípicos e mistos. Contrato misto, união e junção de contratos.

7. Os vários tipos de contrato misto e o problema do seu regime.

8. Os limites positivos e negativos da liberdade contratual.

9. Os chamados contratos de adesão e a restrição à liberdade contratual material que eles implicam. A disciplina do Decreto-Lei n.º 446/85, de 25 de Outubro: revisão e desenvolvimento.

10. Eficácia dos contratos. Contratos com efeitos familiares e sucessórios.

11. A eficácia obrigacional. O efeito externo das obrigações: revisão.

12. A eficácia pós-contratual.

13. A eficácia de protecção de terceiros.

14. A eficácia real. O princípio da consensualidade e suas excepções. Confronto com outros sistemas e sua apreciação comparativa.

15. Efeito real e risco.

16. Distinção entre contratos com eficácia real e contratos reais quanto à constituição.

17. A cláusula de reserva de propriedade: sua análise conceitual.

18. O regime especial da compra e venda com reserva de propriedade: a resolução do contrato, a perda do benefício do prazo e o regime do risco.

19. Contratos gratuitos e onerosos. Critério da classificação e relevância jurídica da distinção. A regra do artigo 939.º, Código Civil.

20. Contratos bilaterais e unilaterais. Critério da distinção.

21. Recapitulação do regime próprio das convenções sinalagmáticas.

22. A cessão da posição contratual.

23. Revisão das formas de extinção dos contratos: distrate ou revogação, resolução, denúncia e caducidade. Referência à oposição à renovação.

24. O regime da resolução dos contratos.

24. 1. A resolução por alteração das circunstâncias

26. O contrato-promessa. Noção. Promessa unilateral e bilateral.

27. O princípio da equiparação, seu significado e suas excepções.

28. A forma do contrato-promessa.

29. Efeitos do contrato-promessa: eficácia obrigacional e eficácia real. Pressupostos da atribuição de eficácia real. Conteúdo jurídico e utilidade económica da atribuição de eficácia real.

30. Constituição de sinal no contrato-promessa. O sinal: sua natureza, funções e regime.

31. As consequências indemnizatórias do incumprimento do contrato--promessa com sinal e sem sinal.

32. Tradição da coisa em contrato-promessa: o que é. Consequências de regime. O direito de retenção como garantia da indemnização por incumprimento.

33. A execução específica da obrigação de contratar: âmbito, natureza e regime.

34. O pacto de preferência. Noção. Objecto. Forma legal.

34. Efeitos obrigacionais do pacto de preferência.

35. Eficácia real do pacto de preferência: requisitos de atribuição e efeitos produzidos.

36. Os direitos legais de preferência.

37. Incumprimento e violação da obrigação de preferência: regimes das preferências convencionais e legais.

38. Pressupostos da acção de preferência. Legitimidade passiva para a acção. Acção de preferência e simulação de preço.

39. Contrato a favor de terceiros: sua natureza. Distinção entre contrato a favor de terceiros e figuras e situações próximas.

40. Relação de cobertura e relação de valuta. Respectivas naturezas e relevância jurídicas.

41. Análise do regime do art. 450.º, C.C..

42. Os efeitos para o terceiro do contrato.

43. Adesão e rejeição: forma e efeitos jurídicos.

44. Contrato a favor de pessoas indeterminadas ou no interesse público.

45. Contrato para pessoa a nomear. Natureza, pressupostos e função.

46. Nomeação: forma, condições de validade e de eficácia e efeitos jurídicos.

47. Análise da situação em caso de ausência de nomeação, sua invalidade ou ineficácia.

48. Negócios jurídicos unilaterais. Tipicidade dos negócios unilaterais como fontes de obrigações. Importância da figura.

48. – *a)* Promessa de cumprimento e reconhecimento de dívida: análise do regime do art. 458.º, C. C..

48. – *b)* Promessa pública e concurso público.

Direito das Obrigações 61

49. Gestão de negócios. Situações a que corresponde e apreciação da sua consagração.

50. Requisitos da gestão de negócios e respectivos tipos.

51. Efeitos obrigacionais da gestão de negócios. As obrigações do gestor e consequências do seu incumprimento.

52. As obrigações do dono do negócio Aprovação da gestão e seus efeitos. Ratificação: situações em que intervém e seus efeitos; relação entre ratificação e aprovação.

53. Gestão de actos jurídicos representativa e não representativa: enunciado dos respectivos regimes.

54. Enriquecimento sem causa: noção e pressupostos. Função. Natureza subsidiária do instituto.

55. O enriquecimento e suas modalidades: o enriquecimento real e patrimonial. O empobrecimento e suas modalidades: o empobrecimento real e patrimonial.

56. A relação entre o enriquecimento e o empobrecimento. A teoria do conteúdo da destinação.

57. Ausência de causa justificativa.

58. O objecto da obrigação de restituição. A teoria do duplo limite e o conteúdo do segundo limite.

59. Prazo prescricional da obrigação de restituição.

60. Obrigação de restituição e obrigação de indemnização.

61. Responsabilidade civil. Noção, evolução histórica e teleologia do instituto.

62. Funções da responsabilidade civil. Formas de reparação de danos cumulativas ou alternativas.

63. Elementos para a compreensão do regime do Código Civil e de algumas posições da civilística portuguesa: história do surgimento e autonomização do instituto na lei civil; evolução histórica económica das respostas ao problema dos prejuízos causados a outrem por actos ilícitos e não ilícitos; referência à história do pensamento jurídico na matéria.

64. Responsabilidade extracontratual e responsabilidade contratual; responsabilidade subjectiva e responsabilidade objectiva (recapitulação).

65. Pressupostos da responsabilidade delitual. Acto voluntário do agente: noção e modalidades.

66. Ilicitude. As modalidades de ilicitude constitutiva de responsabilidade civil.

66. – *a)* Violação de direito subjectivo e natureza do direito violado.

66. – *b)* Violação de norma legal protectora de interesses alheios e requisitos da constituição em responsabilidade civil: tipos de normas em função da respectiva teleologia dominante; necessidade de carácter ilícito do acto; incidência do acto; círculo de interesses em que o prejuízo ocorre.

67. Algumas condutas antijurídicas autonomizadas legalmente. O abuso do direito (recapitulação).

67. – *a)* Violação dos limites do direito decorrentes do regime do art. 335.º, C.C. (revisão).

67. – *b)* Ofensa do crédito e do bom nome. Noção de crédito. Veracidade e falsidade dos factos afirmados ou difundidos: o problema da relevância desta distinção.

67. – *c)* Danos causados por conselhos, recomendações e informações.

67. – *d)* Omissões: equivocidade do artigo 486.º, C. C., e consequências dela; a cumulabilidade de fundamentos do direito à indemnização

68. Causas de justificação: noção, enunciado e efeitos (recapitulação).

69. A culpa e a imputabilidade do agente (recapitulação).

70. Os danos causados por inimputáveis. Responsabilidade do vigilante.

70. – *a)* Análise do âmbito de aplicabilidade do artigo 491.º, C. C., em especial a questão do sentido da expressão legal "incapacidade natural".

70. – *b)* Apreciação do âmbito da presunção constante desta disposição.

70. – *c)* Responsabilidade do inimputável (revisão).

71. Modalidades da culpa (recapitulação).

72. Causas de escusa (recapitulação).

73. Relevância da graduação da culpabilidade. O regime do art. 494.º, C. C., a fixação da indemnização por danos não patrimoniais, a concorrência de culpa de vários agentes ou de culpa do agente com a do lesado (recapitulação).

73. Ónus da prova da culpa do lesante. Presunções de culpa.

74. Culpa do lesado e respectivo ónus da prova (recapitulação).

75. O dano: noção e modalidades (recapitulação).

76. Nexo de causalidade entre o facto e o dano (recapitulação).

77. A causa virtual (recapitulação).

78. Titularidade do direito à indemnização. Recapitulação dos regimes dos artigos 495.º e 496.º, n.ºs 2 e 3, C. C..

79. Prescrição do direito à indemnização: os vários prazos prescricionais e a sua articulação.

80. Responsabilidade objectiva (recapitulação).

81. Responsabilidade do comitente: pressupostos, função e regime. A questão da natureza da responsabilidade do comissário que arrasta a do comitente.

82. Danos causados por animais. Distinção entre este regime e o do artigo 493.º, n.º 1, C. C..

Direito das Obrigações 63

83. Responsabilidade do Estado por actos de gestão privada. A distinção entre actos de gestão pública e de gestão privada e as incertezas existentes.

84. Acidentes causados por veículos. O critério legal de atribuição da responsabilidade.

85. O detentor: requisitos. Interpretação extensiva da lei, seus limites e consequente extensão de defensabilidade.

86. Riscos próprios do veículo: a interpretação extensiva de alguma jurisprudência e doutrina, e sua apreciação.

87. A presunção de culpa do n.º 3 do artigo 503.º, C. C.: história e situação actual na interpretação jurisprudencial.

88. Causas de exclusão da responsabilidade; o artigo 505.º, C. C., suas interpretações e respectiva apreciação crítica.

89. Beneficiários da responsabilidade. Caracterização dos terceiros, dos transportados em virtude de contrato e dos transportados gratuitamente.

90. Cláusulas de exclusão e limitação da responsabilidade: regime jurídico na responsabilidade delitual e na responsabilidade objectiva.

91. Colisão de veículos: situações de concausalidade e seu regime.

92. Cumulação da responsabilidade subjectiva e objectiva: regime legal e sua apreciação.

93. Os limites da obrigação de indemnizar.

94. O seguro de responsabilidade civil por danos causados por veículos.

95. Os outros casos que o Código Civil qualifica como de responsabilidade pelo risco: análise do artigo 509.º.

96. Referência a outros casos de responsabilidade pelo risco previstos na lei.

96. – *a)* A responsabilidade do produtor.

96. – *b)* A responsabilidade por danos ao ambiente.

96. – *c)* A responsabilidade do transportador aéreo.

97. Responsabilidade pré-contratual: história, função e pressupostos (revisão). Em especial, os danos e a controvérsia acerca das características da sua indemnizabilidade; o problema da qualificação da responsabilidade *in contrahendo:* critérios utilizados e consequências de regime.

II – O MÉTODO PEDAGAGÓGICO

São numerosos os problemas cuja abordagem teria aqui cabimento. Para evitar alongamentos excessivos, renunciarei ao tratamento de alguns deles.

Não pode, porém, o tema prescindir da minha opinião – como quase todas as outras, neste domínio, relevante de um saber empiricamente adquirido[57] – acerca da distribuição funcional dos tempos lectivos e respectiva duração.

1. Aulas teóricas e aulas práticas

Dando por adquirido que de pouco adianta falar do que não há, porque não é fácil e raras são as preocupações substanciais com estes aspectos, dir-se-á que, num cenário realista, é praticamente impossível indissociar estas duas vertentes do ensino (e da aprendizagem). Fossem as turmas de dimensão reduzida, fossem os estudantes preparados culturalmente antes do ingresso na Faculdade, e desde o seu início, para isso e, quiçá, seria possível realizar as aulas desejáveis: nem teóricas nem práticas, antes espaços de trabalho colectivo em que professor e estudantes teriam papéis diversos, nenhum deles sendo passivo – teórico-práticas, como passou a ser moda chamar-se-lhes.

Assim não podendo ser, melhor seria que a duração de tempos lectivos teóricos e práticos fosse, ou ao menos pudesse ser, diversa nuns e noutros[58]. A aula teórica, predominantemente protagonizada pelo professor num discurso tendencialmente dominante, deveria ter uma duração mais curta do que a aula prática, já que a atenção de ouvinte tem um tempo limitado, como julgo ser saber vulgarizado. Porém, estou convencida de que menos de 60 minutos completos constitui tempo insuficiente para que uma aula possa não ser "um falar para todos e não falar para ninguém". A aula prática, espaço de participação privilegiado dos estudantes, justifica mais tempo e, por outro lado, se bem sucedida, carece dele prementemente, verificando-se muitas vezes que é com decepção que estudantes e professor se apercebem de que o período lectivo terminou.

---

[57] Que em parte alguma é de costume ao docente universitário do Direito em Portugal aprender seja o que for sobre pedagogia. Isto é muito diferente do que ocorre em outros espaços, como, por exemplo, nos EUA, onde essa é não só uma preocupação real, como há textos importantes, como o *MacCrate report* (v. Parte II, Capítulo 5., n.º 24), que o afirmam expressamente em relação às Faculdades de Direito.

[58] Neste sentido, também, embora eventualmente com preocupações algo diferentes, Manuel A. Carneiro da Frada, *op. cit.*, pág. 157.

Direito das Obrigações 65

Uma palavra, breve, sobre uma concepção muito generalizada nas Escolas de Direito: a de que as aulas práticas são momentos secundários no ensino, sendo, por isso, confiáveis a docentes supostamente menos preparados, em particular monitores ou assistentes em princípio de carreira. Caso a presunção da impreparação relativa desse tipo de pessoas tivesse em regra fundamento – o que a experiência me permite afirmar que não é verdade, antes tendo conhecido muitos casos de monitores e assistentes estagiários com uma boa preparação científica e uma aptidão pedagógica de que alguns professores carecem –, tratar-se-ia de uma opção altamente condenável, já que as aulas práticas desempenham uma função essencial no ensino e aprendizagem de matérias, como aquelas que constituem o objecto da disciplina de Direito das Obrigações. O número de pessoas que integram esses colectivos de trabalho permite um grau de problematização, uma compreensão do direito na sua função normativa específica que as chamadas aulas teóricas quase nunca autorizam. É nas aulas práticas que as questões e dúvidas mais complicadas são expostas e resolvidas, que os estudantes realizam o seu treino intelectual e de expressão, o que supõe docentes sabedores, atentos e rigorosos. Enquanto na aula teórica o docente pode limitar-se a ler ou a recitar uma lição preparada, na prática tal defesa é impossível. Daí que, com Ribeiro de Faria[59], por exemplo, queira deixar aqui claro que, do meu ponto de vista, as aulas práticas não podem ser consideradas de importância menor.

Uma última consideração geral: os horários das aulas não podem deixar de ser elaborados por quem saiba e tenha em atenção considerações pedagógicas, devendo ser estas – e só elas, em toda a medida do possível[60] – a determinar a sua organização. Colocar as aulas de uma disciplina – seja ela qual for – num só dia da semana, em tempos sucessivos, é equivalente a reduzi-las, em termos de aproveitamento, a uma única. A tendência, persistentemente verificada, da concentração dos tempos lectivos de cada disciplina no menor número de dias, de forma a possibilitar ao professor o menor número de deslocações à Faculdade, é, numa Escola Superior que queira sê-lo seriamente, de banir totalmente.

---

[59] *Op. cit.* pág. 166.

[60] Bem se sabe que, por vezes, há condicionalismos, designadamente logísticos, que impedem que seja apenas o interesse pedagógico a informar a elaboração dos horários.

E o argumento, repetidamente utilizado, de que, a não ser assim, muitos professores não aceitariam leccionar, tem, para mim, a seguinte resposta: tanto melhor que isso aconteça, porque, salvo casos que serão raríssimos, quem só pretende ser professor no título, pois a sua actividade profissional situa-se alhures, bom é que deixe a Faculdade, para bem desta. Por isso que, salvo situações excepcionais de professores convidados em razão das suas qualificações ou competências específicas, não me pareça admissível que os interesses pessoais ou profissionais (diversos dos docetes) dos professores sejam considerados na elaboração dos horários escolares[61]. O que não quer, entretanto, dizer que não possa verificar-se haver vantagens pedagógicas de colocar em tempos sucessivos duas aulas (uma teórica e uma prática ou duas práticas) da mesma disciplina; tudo depende do tipo de disciplina, da carga horária semanal total dela, da melhor articulação dos tempos lectivos dos estudantes (designadamente, quanto a este aspecto, para evitar "furos" que redundam em desperdício de tempo, para assegurar que tenham tempo para tomar as suas refeições, para prevenir horários muito pesados em certos dias da semana...), da coordenação com outras actividades escolares interessantes para estudantes e professores. O que também não significa, obviamente, que uma Faculdade de qualidade tenha de penalizar desnecessariamente os seus professores em termos de horários, privando-os da (ou dificultando-lhes a) possibilidade de organizarem a sua vida pessoal, social e de investigação em termos úteis e gratificantes.

A partir deste momento, não enunciarei qualquer método pedagógico, antes darei testemunho da minha prática docente.

a) Aulas teóricas

Estas aulas destinam-se, do meu ponto de vista, a permitir compreender aquilo que a mera leitura de textos não deixaria claro. Sabe-se que há, na história portuguesa, grandes figuras de juristas que nunca assistiram a aulas, se tal confirmação fosse necessária para se aceitar que o Direito

---

[61] Com as necessárias excepções: desde que, fundamentadamente, um professor tenha por razões de saúde ou outras forçosamente atendíveis, maior capacidade lectiva em certos períodos do dia ou da semana, é do interesse (também) pedagógico que essas circunstâncias sejam tomadas em conta.

Direito das Obrigações 67

pode aprender-se, diversamente do que talvez aconteça com outras ciências, sem acompanhamento pessoal ou presença em laboratório ou aulas. Estas visam, portanto, que seja mais fácil e melhor a aprendizagem. O que a torna mais difícil pela mera utilização de textos escritos é que estes raras vezes ensinam a pensar. O que procuro atingir com as aulas é diferente da comunicação de conceitos, princípios, regras...; tento, com o que digo ou interpelo ou discuto, ensinar os estudantes a pensar, ensiná--los, mas e sobretudo ensiná-los a aprender. Daí que, como já ficou dito, não me preocupe, sempre que há opiniões divergentes acerca de qualquer tema, em ensinar-lhes qual é a melhor, mas em explicar-lhes quais os processos dos relativos raciocínios, os argumentos que cada ponto de vista pode usar[62]. O ideal seria que os ouvintes soubessem do que vou falar antes de começar a fazê-lo. Por isso lhes entrego um programa tão pormenorizado e nesse sentido lhes explico as vantagens desse modo de trabalhar. Não para que, tendo estudado, possam, eles, nas aulas, substituir-me ou para que elas se consubstanciem no esclarecimento das dúvidas que a leitura suscitou; nem para que a aula possa ser um debate acerca das posições diversas que um problema jurídico obteve, o que não seria realista e, consequentemente, redundaria numa demissão do meu papel docente. Apenas para que, ouvindo falar de algo de que já têm uma ideia, se bem que imprecisa, possam ouvir melhor e, sobretudo, pensar mais do que poderiam se tudo o que ouvissem respeitasse a temas completamente desconhecidos. Porém, não muitas vezes e, em geral, só em fase adiantada do ano lectivo, me apercebo de que há um grupo significativo de estudantes que adoptou a prática de ler antes da aula alguma coisa acerca do seu conteúdo. De facto, só quando tomam consciência de que a memorização não faz de ninguém jurista – nem aluno bem classificado, o que é, do ponto de vista social e, por isso, do deles, o elemento decisivo – se decidem os estudantes a adoptar um método de trabalho diferente[63] [64]. Nas condições que existem, continuo, porém, a fazer o que

---

[62] V. G. Hess e S. Friedland, *op. cit.*, pág. 5.

[63] Trata-se, julgo, de uma questão de cultura da Escola. Porém, desconhecendo o que se passa em outras disciplinas, não posso estar certa de que assim seja. E, se o for, não é por certo de uma apenas das Faculdade de Direito do país.

[64] Um aspecto que não abordo no texto, por se me afigurar que excede o seu objecto, tem que ver com o comportamento dos estudantes. Muito embora me pareça que estes chegam à Faculdade – não só a esta, longe disso – sem conhecimento de regras de

creio ser a tarefa de um professor neste tipo de aulas, isto é, a explicar como se faz o caminho intelectual para dados resultados ou conclusões, em matéria de interpretação e de aplicação designadamente.

Nas aulas teóricas, falo, quanto possível, para cada um dos estudantes que me escutam[65]. Significa isto que o que digo é acompanhado de uma atenção sucessivamente centrada quase estudante por estudante. Coerentemente com este modo de estar, o discurso é, formal e substancialmente, muito coloquial, se bem que sem qualquer cedência ou transigência quanto ao rigor técnico da linguagem. Dirigindo-me, um a um, a cada estudante, apercebo a incompreensão, raramente verbalizada, na expressão de um – e poucas vezes a incompreensão de um não é partilhada por muitos – e posso esclarecer melhor o ponto de que falava: inquirindo da dificuldade, pedindo a um estudante que explique, à sua maneira, a questão que para outros não ficou clara, dando exemplos, formulando de novo. Também assim me dou conta da perda de atenção de um ou de outro; o que permite, pela súbita mudança de registo do discurso ou do

---

urbanidade e convivência social mínimas (o que julgo que a Escola não pode resolver, mas pode tentar ajudar a corrigir), não tenho de que me queixar especialmente quanto ao comportamento dos estudantes nas aulas teóricas. Mesmo os menos atentos não perturbam significativamente o trabalho dos restantes. O mesmo já não direi do início das aulas, que nunca tem lugar à hora prevista, porque os estudantes só começam a entrar, e em grande burburinho e confusão, quando eu própria entro. Também na Faculdade de Direito da Universidade do Porto isto se verificava, embora aí, dado que ensinava estudantes do primeiro ano da licenciatura, por um lado, me parecesse mais compreensível o comportamento e, por outro, tinha oportunidade de explicar que deveriam modificá-lo, o que cedo acontecia. Já na Faculdade de Direito da Universidade de Lisboa, de onde estou ausente há muitos anos, não me lembro de tal prática ter lugar; mas pode ser que se trate de uma alteração mais recente nos comportamentos sociais dominantes.

A mesma falta de conhecimentos das normas de convívio social é, por vezes, perturbadora nas aulas práticas, em que é manifesto que os estudantes não fazem ideia de como devem comportar-se numa assembleia, alternando os silêncios com as intervenções sobrepostas.

Creio que estas – e outras – lacunas deveriam, na medida do possível, ser colmatadas na própria Faculdade (já que não o são antes) pela introdução de um breve tempo de iniciação de carácter propedêutico.

Aproveito, já agora, para dizer que nunca senti escassez de número de estudantes nas aulas, antes quase tenho de lamentar que sejam tantos os presentes regularmente.

[65] Trata-se de uma opção relevante de vários factores, dos quais os decisivos respeitam à minha personalidade: sou uma má ouvinte de discursos públicos e detesto falar para colectivos informes e anónimos.

Direito das Obrigações 69

seu tema, surpreender quem se cansou e provocar uma retoma da atenção indispensável à utilidade da aula[66]. Nunca as minhas aulas teóricas foram ou são monologadas: para ler as normas de que se fala – condição essencial para tratar de regimes legais é que eles sejam consultados –, para relembrar conceitos adquiridos, para opinar acerca de um problema, que se colocou ou se está na ocasião a expor, para analisar uma situação factual em que a questão jurídica em estudo, entre outras, se coloca, frequentemente solicito a intervenção dos estudantes e provoco, tanto quando possível[67], o diálogo não apenas comigo mas entre eles. Estou persuadida de que estar nas aulas, ouvir o professor, memorizar os textos, preparar respostas para as perguntas da avaliação não é sinónimo de aprendizagem[68]. A formulação de perguntas, de pedidos de esclarecimento, de pedidos de repetição mesmo, por parte dos estudantes, é estimulada: e, se rara ou quase inexistente no início de cada ano lectivo, tende a aumentar significativamente à medida que a relação entre mim e os estudantes se vai estabelecendo e esclarecendo nas respectivas regras. Creio que a razão de ser da demora na alteração do comportamento dos estudantes decorre de vários factores, que não cabe aqui enumerar, sendo um deles – por certo não o menor – o de compreenderem, à medida que avançam na "multiplicidade" (para usar um termo de Perry), que o desconhecido é crescentemente maior e que, portanto, "é melhor saber como

---

[66] Tal como ensinam G. Hess e S. Friedland (*op. cit.,* pág.14), uma das maneiras de os professores se aperceberem do grau de compreensão dos estudantes é estarem atentos às formas de expressão não verbal nas aulas: "indicadores de falta de compreensão dos estudantes incluem expressões faciais de frustração ou de perplexidade e estudantes a conversar uns com os outros ou a olhar para os apontamentos de outro tentando preencher as lacunas da sua compreensão".

Não foi nesta obra ou noutra que o aprendi; infelizmente, para mim e para todos os que têm, ao longo de muitos anos, sido meus alunos, esta aprendizagem foi feita empiricamente.

[67] E é-o frequentemente, em especial quando se está em fase mais avançada do ensino ou quando os estudantes se sentem à-vontade na relação uns com os outros e comigo. É-o mais facilmente quando, como procuro fazer sempre que possível, lecciono disciplinas sucessivas em vários semestres aos mesmos estudantes; por isso que, embora com custos de preparação de disciplinas que não leccionava anteriormente, teime nesta via.

[68] Fico confortada por saber que quem muito estudou e se interessou pelo problema do ensino chegou a conclusão idêntica. V. Os Sete Princípios para uma Boa Prática no Ensino Pré-graduado, *in* G. Hess e S. Friedland, *op. cit.*, págs. 15-16.

pensar do que saber o que pensar"[69]. Só muitíssimo raramente – e nunca na Faculdade de Direito da Universidade Nova de Lisboa – aconteceu ter de refrear o ímpeto participativo dos estudantes, por serem as intervenções mais perturbadoras do trabalho do que componentes dele. Nada me leva, pois, a hesitar quanto a esta maneira de ensinar. Esta forma de trabalho consome mais tempo do que a mera exposição das matérias: prefiro-a, porém, decididamente, àquela outra mais tradicional de expor sem interrupções. Estou convencida de que o discurso, salvos raros casos de genialidade oratória, cansa muitos ouvintes que, em consequência, perdem a atenção. Ou, como consta do terceiro Princípio "para uma Boa Prática no Ensino Pré-graduado"[70], "a aprendizagem não é um desporto de espectador". Deploro que os estudantes universitários consumam o tempo e a energia intelectual a escrever apontamentos do que ouvem: o acompanhamento compreensivo dos termos em que os problemas se colocam, das soluções diversas que têm recebido, a análise de situações enunciadas, ficam definitivamente prejudicados. Quem se empenha em registar o máximo de palavras que ouve não pensa no que está a ouvir, não acompanha qualquer raciocínio. Ora, para além do efeito secundário perverso de os apontamentos distorcerem ou atraiçoarem o pensamento exposto, isto significa, do meu ponto de vista, a inutilidade da aula como espaço de trabalho intelectual colectivo, como espaço de aprendizagem compreensiva. Ou, dito por outras palavras, a inutilidade da aula e, em consequência, da minha presença e do meu discurso. Ora, em meu entender, o ensino é uma função que, como qualquer outra, só se realiza se o seu objectivo – a aprendizagem – for alcançado. Acresce que creio que o ensino não se destina apenas a alguns, os melhores, os mais capazes, os mais preparados, mas antes tendencialmente a todos e a cada um. À Escola deveria caber a selecção daqueles que considera encontrarem-se em condições de, com aproveitamento, a frequentarem[71], aos respectivos professores, na ocorrência a mim, a função de os ensinar.

---

[69] G. Hess e S. Friedland, *op. cit.*, pág. 6.

[70] V. *in* G. Hess e S. Friedland, *op. cit.*, págs. 15-16.

[71] Não sendo à Faculdade que cabe directamente tal competência, ela aceita os estudantes que lhe são afectados.

Direito das Obrigações 71

b) Aulas práticas

As aulas práticas[72] não versam temas que não tenham sido leccionados previamente, isto é, não são, nunca deveriam ser[73], espaços de exposição adicional de conteúdos novos[74]. Em Direito das Obrigações, dependente como se encontra a respectiva compreensão – no nosso sistema de ensino, decorrência directa da estrutura do Código Civil – da aquisição de competências jurídicas básicas, é possível começar as aulas práticas, sem violação da regra que deixei enunciada, simultaneamente com as teóricas, retomando regimes já conhecidos (ou que deveriam sê-lo) e revestindo-os de um grau de dificuldade acrescido relativamente ao que foi possível conferir-lhes anteriormente.

Estas aulas são essencialmente utilizadas na apreciação de situações ou de relações económicas e sociais entre sujeitos, quer reais quer hipotéticas. Nas primeiras, ou se trata da análise de decisões judiciais[75] – o mais frequente – ou da de situações noticiadas pela comunicação social. As segundas são casos hipotéticos em que a preocupação essencial é serem verosímeis e não simplificadores em excesso do real, de forma a não corresponderem a meras ilustrações da aplicabilidade de um regime jurídico, mas convocarem vários, de modo a que, dentro dos conhecimentos já adquiridos, os formandos possam treinar as operações de identificação dos factos juridicamente relevantes, a sua qualificação, a descoberta dos regimes aplicáveis, interpretando as normas à luz dos

---

[72] Estou a admitir que há aulas eminentemente práticas, o que nem sempre é verdadeiro na Faculdade em que lecciono. Não estando previstas, como regra, nos horários lectivos, sempre que posso faço-as, ainda que com esforço e dispêndio acrescidos. Quando o número de estudantes o permite, divido os tempos lectivos em aulas predominantemente teóricas e outras práticas.

[73] Se bem que, pontualmente e na disciplina de Introdução ao Direito (actualmente, em parte, Teoria da Norma Jurídica), por razões que naquela de que agora me ocupo nunca se verificaram, tenha já, numa fase inicial do ano, cedido a prática deste género.

[74] Ponto em que – e não é o único – discordo da prática de muitos e da afirmação de Ribeiro de Faria, *op. cit.*, pág. 192, de que "há matérias que podem ser cometidas às aulas práticas (matérias históricas, perspectivas de direito comparado, visão sociológica de alguns institutos)".

[75] Que nunca são tomadas como verdades, mas criticadas tanto nos seus aspectos positivos (o que dizem) como omissivos (o que não abordaram ou consideraram para a decisão tomada).

critérios hermenêuticos e da procedência das respectivas *rationes* nos casos concretos[76].

O esclarecimento de dúvidas – outra tarefa pertinente sobretudo a estas aulas – revela-se muitas vezes impossível, por não haver hábitos de estudo regular por parte de muitos estudantes. A propósito do esclareci-mento de dúvidas como da análise de jurisprudência – de uma forma geral em todo o meu comportamento lectivo –, estimulo a leitura crítica e a rejeição da submissão a uma suposta autoridade de ciência que não raro carece de fundamento[77]. Procuro também estimular o trabalho colectivo, fora e, por isso, dentro da aula, pois estou persuadida de que, como dizem G. Hess e S. Friedland[78], "o trabalho dos estudantes em grupo pode colectivamente obter níveis que nenhum deles poderia ter conseguido sozinho". Neste domínio encontro não poucas dificuldades decorrentes, já de o tempo disponível em aulas de dimensões apropriadas ser escasso, já de os estudantes se encontrarem mais preparados para competir uns com os outros do que para cooperarem, já de – e é o mais decisivo, creio – o resultado desse trabalho ser quase irrelevante para a classificação final, aspecto que é o que, compreensivelmente aliás na sociedade em que vivemos, os determina.

Quando tal é possível temporalmente, é também nas aulas práticas que procuro que os estudantes comecem a redigir contratos tendentes a dar resposta a situações de interesses que lhes são descritas.

---

[76] Parece hoje uma banalidade dizer, com Paul Ricoeur, por exemplo, que "o silo-gismo jurídico não se deixa reduzir à via directa da subsunção de um caso sob uma regra, mas deve, além disso, satisfazer o reconhecimento do carácter apropriado da aplicação de tal norma a tal caso" ou que "... é ao aplicá-la que não somente reconhecemos a norma como constrangedora, mas que experimentamos a sua variabilidade, sendo o jogo descrito mais acima, da dupla interpretação da lei e dos factos, plenamente realizado"– *O Justo ou a Essência da Justiça, op. cit.*, respectivamente, págs. 156 e 158. No mesmo sentido, Robert Alexy, *Teoria da Argumentação Jurídica, a Teoria do Discurso Racional como Teoria da Justificação Jurídica* (tradução do original alemão de 1990 por Zilda Hutchinson Schild Silva), São Paulo, 2001, págs. 17-18. Porém, se o fosse, como muitos pretendem fazer crer, não continuaria a assistir-se à desvalorização do trabalho, que só pode ser feito em colectivos pouco numerosos (o que, na realidade académica em que vivemos tem o nome de aulas práticas), em benefício de aulas expositivas e monologadas.

[77] Sem muito êxito nos últimos anos, o que é especialmente claro quanto às minhas próprias afirmações e posições.

[78] *Op. cit.*, pág. 5.

Direito das Obrigações 73

Nunca, em aulas minhas, convidei os estudantes a apresentarem oralmente trabalhos de suposta investigação e dissuado, até aos limites do autoritarismo, tal prática[79], a que, nesta Faculdade, muitos estudantes parecem ter apego. Sei, por experiência própria, remota embora, que esse é um modelo que propicia dois resultados que me parecem negativos. O de o(s) estudante(s) encarregado(s) da apresentação do trabalho vir(em) expor uma colagem de textos que leu(ram), sem qualquer contributo próprio ou interessante; o que bem compreendo, aliás, no quadro de actividades que são chamados a realizar, dentro do qual seria dificílimo dispor de tempo para uma verdadeira, embora reduzida, investigação. O de os restantes estudantes considerarem que nesse dia nada têm que ver com o que se está a passar, alheando-se da exposição do(s) colega(s). Claro que tem também a consequência de aligeirar o trabalho do professor, que assim passa ao papel passivo de ouvinte. Como sou professora por dever, mas, mais do que isso, por prazer, não tenho o objectivo de aligeirar o meu trabalho docente, pelo que também neste corolário encontro uma desvantagem a somar.

Com maiores ou menores dificuldades, tentei sempre que as aulas práticas se aproximassem do modelo de seminário, infinitamente mais produtivo e estimulante do que o de aula.

Problema dificultador do trabalho com que tenho deparado é o do pouco treino de trabalho dos estudantes em casa: os exercícios a realizar nas aulas são antecipadamente entregues, a fim de que venham pensados e preparados, mas é raro chegar-se à aula e a generalidade dos estudantes

---

[79] Quanto à elaboração e apresentação escrita de trabalhos, também não sou uma entusiasta nesta fase da formação jurídica: salvo radical alteração da preparação cultural geral e jurídica dos estudantes, tais trabalhos não costumam ser de valia significativa, o que se compreende até pela razão acrescida de que o tempo normalmente disponível para a respectiva elaboração é reduzido, dada a real carga horária de trabalho de quem pretenda realizar a licenciatura nos prazos mínimos normais (em particular tendo em conta que os estudantes se encontram numa fase da vida em que a aprendizagem relevante para a sua formação cultural e cívica não costuma – e bem – circunscrever-se às matérias leccionadas na Escola) e, finalmente, porque tal actividade lucraria em ser orientada por um docente, a quem, atentas outras tarefas de acompanhamento estudantil, não sobra muita disponibilidade para tal. O mesmo, espero, não sucederá em fase mais avançada da formação, em que, preenchidos os requisitos básicos, a elaboração de pequenas investigações poderá constituir um importante momento de aprendizagem e treino para o trabalho jurídico que terão de estar preparados para desenvolver.

ter realizado esse trabalho preparatório, sendo muitos os que não têm sequer os elementos que foram distribuídos nem têm ideia do que se trata[80]. Por outro lado, a participação nas aulas é reduzida a um número pequeno de estudantes[81], pelo que só numa fase avançada do ano lectivo é que a maioria tem consciência de que, não falando, não se aprende a falar, não pensando, não se aprende a pensar. Mesmo nas aulas práticas, é frequente deparar com muitos estudantes escrevendo afanosamente. Esclarecendo o que se passa, trata-se de novo da tomada de notas do que vai sendo dito na aula. Naturalmente que isto dificulta o trabalho e, sobretudo, retira-lhe funcionalidade no sentido da aprendizagem.

c) Actividades complementares

Dado o panorama que sumariamente descrevi[82], os estudantes, uma parte muito significativa deles, carecem de um acompanhamento exterior às aulas, que faço em toda a medida da minha disponibilidade, mas com evidente prejuízo de outras actividades, também académicas.

Para além do horário de atendimento semanal, multiplico os encontros com os estudantes que o solicitam, uso com muita frequência o correio electrónico para os apoiar ou esclarecer, o meu telefone está sempre à disposição deles, seja período lectivo ou não. É nestes contactos, curiosamente, mas de algum modo também lamentavelmente, que os estudantes se mostram mais interessados em aprender o que não sabem, em perceber o que ficou em dúvida, em treinar o pensamento e as suas formas de expressão.

---

[80] Muitíssimo diferente foi a minha experiência lectiva na Faculdade de Direito da Universidade de Lisboa; mas esta teve lugar no quadro da avaliação contínua – e de uma avaliação não dependente de provas escritas realizadas ao longo do ano – que, indiscutivelmente, torna toda a atitude dos estudantes substancialmente diversa.

[81] Mais uma vez, como antes, direi que se trata de um problema de cultura de Escola que deve ser encarado como tal, a fim de que possa solucionar-se. Paradoxalmente, é numa Faculdade que se quis marcada pela participação dos estudantes nas aulas que encontrei um ambiente refractário a essa participação, embora, como referi, a situação se altere à medida em que os estudantes ganham confiança em si próprios, na relação entre si e comigo; e, curiosamente, e não por mérito próprio decerto, a situação tem-se alterado para melhor nos semestres mais recentes.

[82] Em circunstâncias diferentes, o que no texto se escreve corresponde a experiência que já tivera em outras Faculdades, mas em dimensão mais reduzida, por desnecessidade.

Direito das Obrigações 75

É também neste quadro que procuro apoiar as pessoas com mais dificuldades na língua e na sua utilização, escrita e oral. Não tendo preparação específica para tal, faço muito trabalho de ensino de português, às vezes com êxito, o que me reconforta, mas dispensaria, naturalmente.

Lamento que um dos aspectos inovadores desta Faculdade de Direito – e entendo que a inovação não se faz tanto pela diferença em si mesma, mas pelo acréscimo de qualidade – tenha, espero que apenas temporariamente, perdido algumas das características mais interessantes do ponto de vista cultural e de construção de um corpo académico, e não tenha melhorado o que de reformulação carecia. Refiro-me ao ciclo "O Cinema e o Direito" que vi como uma mais-valia importante, quer cultural geral quer jurídica. Tanto nas vezes em que intervim no comentário a aspectos jurídicos das histórias dos filmes, como naquelas em que assisti a comentários de Colegas, verifiquei, na própria sala de cinema e depois nas aulas, a utilidade e o interesse que a actividade revestia[83]. Creio que, ao invés de se subalternizar, este tipo de iniciativas deveria ser multiplicado em outras áreas artísticas, em particular o teatro, a música e a literatura. Sei, por experiência[84], quanto os estudantes são mobilizáveis culturalmente e quanto a resposta a esse interesse pode contribuir para o reforço das suas competências intelectuais e expressivas[85]. Se bem que este ciclo, após vicissitudes várias e lamentáveis, tenha terminado (não tendo perdido a esperança de que possa ser retomado), sou encar-

---

[83] Não que não houvesse aspectos a melhorar. Num ou outro caso, o comentador, escolhido mais pela fama pública do que pela qualidade, cometeu erros que ninguém, por se tratar de um convidado da Faculdade, pelo menos *in loco*, corrigiu. Por vezes, os filmes, escolhidos não por quem tem competência em cinema, eram cinematograficamente fracos. O aspecto artístico não era suficientemente valorizado, aproveitando-se para todos aprendermos algo sobre cinema, o que é tanto mais deplorável quanto a Cinemateca Portuguesa tem um Presidente cuja cultura cinematográfica é solidíssima e cuja capacidade de comunicação é invulgar.

[84] Que, tendo tido a sua sede fora dos muros da Faculdade, não é, do meu ponto de vista, alheia a ela nem ao meu papel funcional: refiro-mo a uma tertúlia que, por exclusiva iniciativa de estudantes, se constituiu e perdurou durante cerca de cinco anos e para a qual fui, desde o primeiro momento, convidada pelos estudantes que tiveram essa ideia, tendo aceitado com grande prazer e maior proveito intelectual, cultural e humano.

[85] Isto já para não falar da luta contra o analfabetismo cultural tão generalizado em juristas como em profissionais de outras áreas.

regada, por deliberação do Conselho Directivo, desde 2003, de organizar actividades culturais primordialmente destinadas a estudantes e, nesse quadro, têm sido realizadas, com regularidade iniciativas – como idas a espectáculos de teatro, bailado ou música, visitas a exposições, uma sessão quinzenal de poesia dita por actores profissionais e cursos de expressão – com adesão e entusiasmo reconfortantes dos principais destinatários.

d) Os materiais de estudo

Não tendo lições publicadas[86], a bibliografia básica é constituída por alguns dos manuais disponíveis no mercado e por obras, de dimensão e profundidade diversas, nacionais e não só, que são indicadas no início do ano.

Quanto aos manuais, tenho por hábito – que nunca vi razão para abandonar – o de não indicar preferencialmente um deles. Dos que me parecem melhores – Galvão Telles, *Direito das Obrigações*, Antunes Varela, *Das Obrigações em geral* I e II, Mário Júlio de Almeida Costa, *Direito das Obrigações*, Fernando Pessoa Jorge, *Direito das Obrigações*, 1.º vol. – falo um pouco no princípio do ano, deixando a cada estudante a escolha do texto básico com que trabalhará. Costumo dizer que um livro é como uma pessoa: os nossos amigos não serão as melhores pessoas do mundo, mas são aquelas com quem nos damos melhor; pode um texto ser muito bom e o leitor não se dar bem com ele. Daí que, prevenidos acerca das características essenciais de cada um dos livros, os estudantes escolham, alterem a escolha, se e quando melhor entenderem. Afinal, o manual é apenas um dos elementos de trabalho e não creio que

---

[86] O que, pessoalmente, lamento e não pouco, mas não vejo como grande desvantagem para os estudantes, convictamente discordante como sou do entendimento (v., por todos, Ribeiro de Faria, *op., cit.*, págs. 190-191) de que os estudantes universitários têm de dispor do pensamento do seu professor vertido em texto. Ao invés e como julgo que claramente resulta do que ficou já dito, penso que o papel essencial do professor não é o de ensinar a sua "verdade", mas de fornecer informação sobre as posições defensáveis existentes e, sobretudo, de habilitar os estudantes a pensar por si próprios. O aspecto mais relevante do meu ensino – se conseguir fazê-lo bem – será a formação intelectual jurídica dos meus alunos e não a transmissão daqueles que são os meus pontos de vista a propósito seja de que problemas forem.

Direito das Obrigações   77

se justifique sobrevalorizá-lo. A propósito de cada tema, relembro a bibliografia pertinente e, por vezes, em particular quando são obras que não se encontram no mercado ou a que o acesso é difícil, distribuo excertos dos textos em fotocópia[87].

III – A AVALIAÇÃO

Trata-se de uma área em que a minha experiência tem sido diversificada, dado ser longa e ter tido lugar em Escolas com regimes diferentes, com que tenho tido, em maior ou menor medida, de me conformar.

Uma primeira observação respeita ao critério de exigência. Se, numa fase muito inicial da minha vida docente, tendi a reproduzir aquilo que sempre vi fazer na Faculdade de Direito de Lisboa, isto é, a não dar notas altas senão raramente, depressa abandonei esse estilo, passando a entender – e a praticar tal entendimento – que todas as classificações da escala se destinam a ser aplicadas. Nem por isso deixei de ser exigente. Sou-o e creio que devo sê-lo. O facilitismo não é bom critério quando se trata de avaliar pessoas que vão, com o título obtido, poder desempenhar funções em que estarão em causa valores e interesses muito relevantes das pessoas. Há um princípio de lealdade que julgo nunca ter quebrado: o de exigir dos meus alunos na exacta medida do que lhes ensinei e não mais. Todas as notas são possíveis, as melhores como as piores. Os estudantes sabem-no e, em geral, não discordam, mesmo quando eu expressamente peço críticas e discordâncias[88] [89].

Da minha experiência retirei a convicção de que o método – que, mais do que um método de avaliação de conhecimentos, é um método pedagógico – de avaliação contínua (como sistema geral) é, de longe, o melhor[90]. Se bem que, como é claro, nunca tal sistema de avaliação possa

---

[87] A indicação da bibliografia é feita autonomamente no final deste texto.

[88] Não ignoro que prefeririam que assim não fosse, naturalmente. Mas julgo que compreendem por que é e que, em última *ratio*, serão eles os beneficiários deste rigor.

[89] Sei como é difícil obter dos estudantes críticas ao meu trabalho, método ou critérios; tentei, com êxito reduzido, promovê-las de forma anónima. Fico, no entanto, orgulhosa de merecer a confiança de alguns estudantes – cada vez mais – que aberta e frontalmente me criticam.

[90] Afirmações, como as de Ribeiro de Faria, *op. cit.*, págs. 195-196, só podem provir de quem nunca teve qualquer experiência dele e o imagina como algo que não

ser o único, pois implica uma presença quase constante nas aulas e um trabalho continuado que muitos estudantes, pelas mais variadas e atendíveis razões, não podem prestar; não o sendo, deveria – convicção de experiência feita – ser o privilegiado. Mais trabalhoso para os estudantes e para os docentes, o interesse, de uns e outros, é estimulado, os resultados quanto às competências adquiridas completamente compensadores do esforço. Quando falo de avaliação contínua, refiro-me a um trabalho que – em toda a minha experiência – não comporta quaisquer provas de avaliação escritas em aula, isto é, testes intercalares. Com o trabalho, exclusivamente oral, nas aulas conjuga-se a elaboração de trabalhos escritos feitos fora delas e nelas refeitos (corrigidos). Com turmas de dimensão adequada (nunca mais de 20-25 estudantes por turma) e um número de horas lectivas suficiente (nunca menos de três horas completas semanais), chega-se ao termo do ano lectivo com um nível de aquisição de competências, por parte dos estudantes, e uma segurança relativamente às classificações, pela minha parte, que nenhum exame, escrito ou oral, alguma vez proporcionou. Deve este sistema ser complementado com um exame escrito e, aí, dispensada, tranquilamente, qualquer prova oral. As competências de expressão, escrita e oral, do pensamento estarão, tanto quanto possível, adquiridas e avaliadas. Julgo hoje que a essencial diferença em resultados de aprendizagem, deste sistema relativamente a todos os outros – em que também pode haver trabalho em seminário, com condições para que os, todos os, estudantes participem – está em estes, além de aperceberem a sua participação como directamente útil para a avaliação, poderem ter[91] quase pronta noção do que vão julgando os docentes do seu trabalho e consequente possibilidade de discutirem métodos e formas de aprendizagem mais adequados: é este o quarto dos sete Princípios..., que já referi por diversas vezes.

Na Faculdade de Direito da Universidade Nova de Lisboa, está posta em causa a utilização deste método pelas regras enunciadas no Regulamento de Avaliação de Conhecimentos.

---

deve, de modo algum ser (o que não quer dizer, bem pelo contrário, que este método, como qualquer outro, não possa ser mal realizado e mesmo completamente pervertido).

[91] E sempre o fiz, enquanto pude praticar a avaliação contínua com os meus alunos, tendo permanentemente à disposição deles o *dossier* das respectivas fichas individuais de onde constavam todos os elementos de avaliação recolhidos.

Direito das Obrigações 79

Consequentemente, a avaliação tem por elemento quase exclusivo o exame final escrito, com possibilidade, que durante alguns anos requeri e me foi dada[92], de os estudantes poderem fazer um exame oral para melhoria de nota.

A experiência dos estudantes é de divórcio entre o que efectivamente é ensinado nas aulas e o que é pedido na avaliação. Este aspecto, de que muitos se queixam – e os torna especialmente inseguros relativamente ao exame final – e, sobretudo, o desconhecimento dos estudantes quanto ao que será o modelo concreto do exame escrito têm-me levado a, perto do fim de cada semestre, fazer uma simulação de prova final, como exercício de treino para esta. É um trabalho em que um pouco mais de metade dos estudantes participa, sendo o resultado corrigido com circunstanciadas observações e entregue ao respectivo autor. Uma vez que os elementos recolhidos durante o ano lectivo não podem relevar para efeitos de classificação senão para melhoria dela (o que me é incompreensível), só em medida diminuta o resultado deste exercício bem como de outras prestações dos estudantes são tomados em conta na classificação final.

Dado que, em meu entender, o momento da avaliação pode e deve ser ainda um momento pedagógico, as provas escritas são, desde há muitos anos, analisadas por mim e pelo respectivo autor, após estarem corrigidas e classificadas, a fim de que cada um possa aprender com os erros cometidos. Esta prática teve, desde o início, uma adesão muito grande dos estudantes, não sendo apenas aqueles que obtiveram classificações mais fracas a aparecer para consultar a prova, colocar e esclarecer dúvidas a seu propósito. Os resultados deste trabalho – feito com tempo, disponibilidade e empenhamento – são notáveis: é muito elevado o número de estudantes que toma nesse momento consciência dos problemas que impedem um bom ou melhor nível de resultados.

É também este um motivo (se outro fora necessário) por que deploro a cisão da disciplina em duas semestrais. Seria mais fácil a partir de uma

---

[92] Nos últimos anos em que o fiz, apresentei esse requerimento por desejo dos estudantes, que não tanto por meu, já que tenho sido levada a considerar que uma prova oral, facultativa e destinada a melhorar a nota, não tem condições para desempenhar a função formativa e de avaliação que deveria ser a sua. Porém, esta inaptidão, na vertente da avaliação, era muito reforçada pela escala de avaliação adoptada pela escola, problema que não creio oportuno tratar também aqui, dada a sua superação.

prova não final, a cada estudante, reformular o seu modo de trabalho a fim de obter um resultado final mais satisfatório. Assim, porque muitos são confrontados com um fracasso, torna-se difícil fazer compreender que o tempo de trabalho decorrido foi insuficiente para que o trabalho rendesse mais e que um resultado intercalar não é forçosamente expressivo daquela que pode vir a ser a classificação final anual da disciplina. Muitos deles, de facto, desanimam e desistem de continuar a trabalhar mais e melhor, assim se perdendo muitas pessoas que poderiam fazer uma formação jurídica muito razoável.

IV – A BIBLIOGRAFIA

Nesta área, pode seguir-se uma de duas orientações: ou se enuncia a bibliografia real da disciplina, aquela que se indica aos estudantes como instrumentos do seu trabalho, ou se faz uma listagem bibliográfica tão extensa quanto a disponibilidade de tempo do autor para procurar indicações bibliográficas, designadamente por via informática, lhe permitir.

Do ponto de vista da facilidade, é praticamente irrelevante, tão rápido é hoje inventariar obras, por um lado, e tão meditada já tenho a base bibliográfica da disciplina, por outro.

Prefiro, porém, a primeira orientação, pela irrelevante razão de que prefiro sempre a verdade.

Segue, pois, a listagem de obras e textos que indico aos estudantes, com uma ordenação que é a seguinte: em primeiro lugar vêm as obras gerais que podem ser adoptadas como texto básico do estudo, seguindo-se outros livros, também gerais, no sentido de não constituírem monografias temáticas, depois, aquelas que respeitam a temas mais circunscritos e, finalmente, as que não se reportam especificamente a temas da disciplina, mas, pelas matérias tratadas e pelo modo como o são, justificam consulta por qualquer aprendiz de jurista. Com a anotação, repetida aliás, de que, durante a exposição das matérias, refiro sempre aos estudantes a(s) obra(s) que devem ler para a sua preparação.

a) OBRAS GERAIS DE GIREITO DAS GBRIGAÇÕES:

João de Matos Antunes Varela

   – *Das Obrigações em geral*, Volume I, 10.ª edição, Coimbra, 2000

Direito das Obrigações

– *Das Obrigações em geral*, Volume II, 7.ª edição, reimpressão, Coimbra, 2007

Inocêncio Galvão Telles
– *Direito das Obrigações*, 7.ª edição, Coimbra, 1997

Mário Júlio de Almeida Costa
– *Direito das Obrigações*, 11.ª edição revista e actualizada, Coimbra, 2008

Fernando Sandy Pessoa Jorge
– *Direito das Obrigações*, 1.º Volume, Lisboa, 1975-76

Manuel de Andrade
– *Teoria Geral das Obrigações*, com a colaboração de Rui de Alarcão, 3.ª edição, Coimbra, 1966

Rui de Alarcão
– *Direito das Obrigações*, texto elaborado por J. Sinde Monteiro, Almeno de Sá e J. C. Brandão Proença, com base nas lições proferidas ao 3.º Ano Jurídico, Coimbra, 1983

Francisco M. Pereira Coelho
– *Obrigações, Sumários das Lições ao curso de 1966-1967*, Coimbra, 1967

A. Menezes Cordeiro
– *Direito das Obrigações*, I, Lisboa, 1980
– *Direito das Obrigações*, I, reimpressão, Lisboa, 1990

Jorge Ribeiro de Faria
– *Direito das Obrigações*, Vols. I e II, reimpressão, Coimbra, 2001

Luís Teles de Meneses Leitão
– *Direito das Obrigações*, Vol. I, 7.ª edição, Coimbra, 2008, e Vol. II, 5.ª edição, Coimbra, 2007

Pedro Romano Martinez

- *Direito das Obrigações; Apontamentos*, 2.ª edição, Coimbra, 2004

C. Massimo Bianca

- *Diritto Civile*. III – IV *L'Obbligazione*, Milano, 1990

Francesco Gazzoni

- Obblizioni e contratti, in *Manuale di Diritto Privato*, Parte settima, Napoli, 1990

Hans Brox

- *Allgemeines Schuldrecht*, 24.ª edição, München, 1997

Karl Larenz

- *Lehrbuch des Schuldrechts*, Band I, *Allgemeiner Teil*, 14. Auflage, München, 1987
- *Lehrbuch des Schuldrechts*, Band II, *Besonderer Teil*, 14. Auflage, München, 1986

Dieter Medicus

- *Schuldrecht I, Allgemeiner Teil*, 8. Auflage, München, 1995

Wolfgang Fikentscher

- *Schuldrecht*, 8., bearbeitete Auflage, Berlin, New York, 1992

b) OBRAS SOBRE AS OBRIGAÇÕES NA SUA FUNÇÃO ECONÓMICA:

Fernando Araújo

- *Teoria económica do contrato*, Coimbra, 2007

A. Mitchell Polinsky

- *An Introduction to Law and Economics*, second edition, 3.ª reimpressão, Boston e Toronto, sem data

Guido Alpa, Francesco Pulitini, Stefano Rodotà e Franco Romani (a cura di)

- *Interpretazione guiridica e analisi economica*, Milano, 1982

Direito das Obrigações

Richard A. Posner e Anthony T. Kronman (eds.)
– *The Economics of Contract Law*, Boston and Toronto, 1979

Gunther Teubner e Terence Daintith (eds.)
– *Contract and Organization: Legal Analysis in the Light of Economic and Social Theory*, Berlin-New-York, 1986

Eric A. Posner
– Economic Analysis of Contract Law After three Decades: Success or Failure?, *in The Yale Law Journal*, Vol. 112, Janeiro 2003, n.º 4, págs. 829 e segs.

Victor P. Goldberg (ed.)
– *Readings in the economics of contract law*, Cambridge, reprinted, 1993
– *Relational Exchange: Economics and Complex Contracts*, 1997

Eric Brousseau
– *L'économie des contrats*, Paris, 1993

Pietro Barcellona
– *Diritto privato e processo economico*, Milano, 2.ª edição, 1977

Oliver E. Williamson
– *The Economic Institutions of Capitalism*, New York-London, 1987

c) OBRAS SOBRE CONTRATOS:

Inocêncio Galvão Telles
– *Manual dos Contratos em geral*, refundido e actualizado, 4.ª edição, Coimbra, 2002
– Contratos Civis, Separata da *Revista da Faculdade de Direito da Universidade de Lisboa*, Vols. IX-X, Lisboa, 1954

Carlos Ferreira de Almeida
– *Contratos I – Conceitos; fontes; formação*, 2.ª edição, Coimbra, 2003

Pedro Romano Martinez
– *Direito das Obrigações (Parte Especial)* – Contratos, 2.ª edição, Coimbra, 2001

João de Matos Antunes Varela
– *Sobre o contrato-promessa*, 2.ª edição, Coimbra, 1989

Ana Prata
– *O contrato-promessa e o seu regime civil*, 2.ª reimpressão, Coimbra, 2007

M. J. de Almeida Costa
– *Contrato-promessa. Uma síntese do regime vigente*, 9.ª edição revista e actualizada, Coimbra, 2007

João Calvão da Silva
– *Sinal e contrato-promessa*, 12.ª edição, Coimbra, 2007

Joaquim de Sousa Ribeiro
– *Cláusulas contratuais gerais e o paradigma do contrato*, Coimbra, 1990
– *O problema do contrato*, reimpressão, Coimbra, 2003

Rui Pinto Duarte
– *Tipicidade e atipicidade dos contratos*, Coimbra, 2000

Almeno de Sá
– *Cláusulas contratuais gerais e Directiva sobre cláusulas abusivas*, 2.ª edição, Coimbra, 2001

Manuel A. Carneiro da Frada
– *Contrato e deveres de protecção*, Coimbra, 1994

José Carlos Brandão Proença
– *A resolução do contrato no Direito Civil*, reimpressão, Coimbra, 2006

José João Abrantes
– *A excepção do não cumprimento do contrato no direito civil português*, Coimbra, 1986

Diogo de Leite Campos,
– *Contrato a favor de terceiros*, Coimbra, 1980

A. Menezes Cordeiro
– *Da alteração das circunstâncias*, Lisboa, 1987

Ana Maria Peralta
– *A posição jurídica do comprador na compra e venda a prestações*, Coimbra, 1990

Enzo Roppo
– *O Contrato*, Coimbra, 1988

P. S. Atiyah
– *Essays on Contract*, Oxford, reimpressão, 1996

Antonino Cataudella
– *I Contratti, Parte generale*, Torino, 2000

C. Massimo Bianca
– *Diritto Civile. III – Il Contratto*, ristampa, Milano, 1987

Joanna Schmidt-Szalewski
– *Droit des Contrats*, Paris, 1989

G. H. Treitel
– *The Law of Contract*, 9.ª edição, London, 1995

Marvin A. Chirelstein
– Concepts and Case Analysis in *The Law of Contracts*, second edition, New York, 1993

Luis Díez-Picazo e Antonio Gullón
– *Fundamentos del Derecho Civil Patrimonial*, 4.ª edição, Madrid, 1993

Michael J. Trebilcock

– *The Limits of Freedom of Contracts*, Cambridge, Massachussets e London, England, 2 [the] printing, 1997

E. Allan Farnsworth

– *Contracts*, 2[the] edition, 1990, Boston, Toronto, London, 8 [the] printing, sem data

Claus-Wilhelm Canaris

– A liberdade e a justiça contratual na "sociedade de direito privado", in *Contratos: actualidade e evolução*, Porto, 1997, págs. 49 e segs.

Guido Alpa

– Princípios Gerais e Direito dos Contratos. Um Inventário de *Dicta* e de Questões, in *Contratos: actualidade e evolução*, Porto, 1997, págs. 101 e segs.

d) OBRAS SOBRE RESPONSABILIDADE CIVIL:

Fernando Sandy Pessoa Jorge

– *Ensaio sobre os pressupostos da responsabilidade civil*, reimpressão da 1.ª edição, Coimbra, 1995

João Calvão da Silva

– *A responsabilidade civil do produtor*, reimpressão, Coimbra, 1999

Delfim Maya de Lucena

– *Danos não patrimoniais*, Coimbra, reimpressão, 2006

Henrique Sousa Antunes

– *Responsabilidade civil dos obrigados à vigilância de pessoa naturalmente incapaz*, Lisboa, 2000

José Carlos Brandão Proença

– *A conduta do lesado como pressuposto de imputação do dano extracontratual*, Coimbra, 1997

Direito das Obrigações

Manuel Carneiro da Frada
– *Uma "terceira via" no direito da responsabilidade civil?*, Coimbra, 1997

Ana Prata
– *Notas sobre responsabilidade pré-contratual*, 2.ª reimpressão, Coimbra, 2005

Rudolf von Jhering
– *Culpa in contrahendo*, tradução e nota introdutória de Paulo Mota Pinto, Coimbra, 2008

Carlo Castronovo
– *La Nuova Responsabilità Civile*, 3.ª edição, Milano, 2006

Giovanna Visintini
– *Trattato breve della responsabilità civile*, 2.ª edição, Milano, 1999

Guido Calabresi
– *The Cost of Accidents*, New Haven and London, sem data

e) OBRAS RELATIVAS A TEMAS ESPECÍFICOS DE DIREITO DAS OBRIGAÇÕES:

Inocêncio Galvão Telles
– Garantia bancária autónoma, in *O Direito*, 120, 1988

M. Januário da Costa Gomes
– *Estudos de Direito das Garantias*, Vol. I, Coimbra, 2004

Luís Menezes Leitão
– *Garantias das Obrigações*, 2.ª edição, Coimbra, 2008

João Calvão da Silva
– *Cumprimento e sanção pecuniária compulsória*, 4.ª edição, reimpressão, Coimbra, 2007

João Baptista Machado
– *Obra Dispersa*, Volume I, Braga, 1991

Francisco Pereira Coelho
– *O enriquecimento e o dano*, 2.ª reimpressão, Coimbra, 2003
– *A subsidiariedade da obrigação de restituir o enriquecimento*, reimpressão, Coimbra, 2003

Júlio Manuel Vieira Gomes
– *O conceito de enriquecimento, o enriquecimento forçado e os novos paradigmas do enriquecimento sem causa*, Porto, 1998
– *A Gestão de Negócios*, Coimbra, 1993

Luís Menezes Leitão
– *O enriquecimento sem causa no direito civil*, Coimbra, 2005

Fernando Cunha de Sá
– *Direito ao cumprimento e direito a cumprir*, reimpressão, Coimbra, 1997
– Modalidades das obrigações quanto aos sujeitos, in *Estudos em Honra de Ruy de Albuquerque*, Coimbra, 2006, págs. 357 e segs.

f) OBRAS GERAIS:

Pires de Lima e Antunes Varela (com a colaboração de M. Henrique Mesquita)
– *Código Civil anotado*, Vols. I (4.ª edição, Coimbra, 1987) e II (4.ª edição, Coimbra, 1997)

A. M. Hespanha
– *O Caleidoscópio do Direito. O Direito e Justiça nos dias e no mundo de hoje*, Coimbra, 2007

ÍNDICE

I – O PROGRAMA	8
1. Preliminares gerais breves	8
2. Problemas prévios pertinentes à disciplina	15
3. Método de exposição	20
II – O MÉTODO PEDAGAGÓGICO	63
1. Aulas teóricas e aulas práticas	64
a) Aulas teóricas	66
b) Aulas práticas	71
c) Actividades complementares	74
d) Os materiais de estudo	76
III – A AVALIAÇÃO	77
IV – A BIBLIOGRAFIA	80
a) Obras gerais de direito das obrigações	80
b) Obras sobre as obrigações na sua função económica	82
c) Obras sobre contratos	83
d) Obras sobre responsabilidade civil	86
e) Obras relativas a temas específicos de direito das obrigações	87
f) Obras gerais	88